.··.ᙏ‌**Reddin**
ASSESSMENTS

Medio Siglo de Efectividad Gerencial

Gracias por mantener vivas las ideas de mi Padre y contribuir al desarrollo de miles de gerentes.

- Kristen Reddin

Alejandro Serralde

amazon

ISBN impreso: 978-1-7332007-6-9

ISBN digital: 978-1-7332007-7-6

Alejandro Serralde

Sobre el Autor

Alejandro es egresado del MBA del *Ecole de Management* de Lyon, Francia. Es un profesional que cuenta con más 15 años de experiencia en corporativos internacionales en puestos de alta dirección y ha trabajado para organizaciones de capital privado, así como organizaciones públicas y gubernamentales. Esto lo ha hecho en Australia, Europa, Estados Unidos y Latinoamérica.

Su energía y experiencia han facilitado transformar organizaciones a través de metodologías *lean*, mejora continua, transformación digital, y también ha dirigido ambiciosos proyectos de ingeniería e infraestructura. Tiene un asombroso récord en ayudar a negocios alcanzar mejores resultados estratégicos al mejorar la productividad, competitividad y gestión del cambio.

En 2010, Alejandro se unió a la Organización Reddin, firma fundada por su Padre y por W.J. Reddin. En 2016, de la mano de su Padre, hizo un *spinoff* y co-fundó **Reddin Assessments**, una empresa de herramientas gerenciales en línea que permite llevar el conocimiento de medio siglo a empresas en 3 continentes.

Alejandro además es co-autor del libro **Los Siete Secretos de los Líderes Altamente Efectivos** y también de **Success: qué hacer (y dejar de hacer) para ser más exitoso en tu trabajo** los cuales escribió con su mentor el Dr. Robin Stuart-Kotze.

Alejandro Serralde

Comentarios

«Alejandro presenta una visión práctica de las herramientas Reddin, demostrando con el respaldo de medio siglo, la contribución que éstas han tenido a los resultados de muchas organizaciones».

Dra. Rocío Moreno, Profesora UDLAP,

México.

«La globalización y la revolución tecnológica crearon una gran diversidad de fenómenos psicológicos, sociales, políticos y económicos que dieron origen a modelos empresariales alternativos y en algunos casos contrapuestos a los de la empresa tradicional. La ubicuidad de los recursos, el comercio electrónico, los mercados superinformados, y las plataformas que conectan en tiempo real oferta y demanda, están produciendo impactos profundos en la economía mundial. Este nuevo escenario condiciona la capacidad de los líderes para aprovechar al mismo tiempo la liberalización económica, el acceso a nuevos mercados, y el aumento de la productividad mundial. El proceso de adaptación a estas nuevas realidades exige a la organización rediseñar su cadena de valor, así mismo, demanda un liderazgo que se obsesione por la efectividad, por la capacidad de logro sobre los resultados. **¿Cómo crear valor a la organización? ¿Los resultados esperados de tu posición son tuyos o son de alguien más? ¿Habiendo sido efectivo, cómo podrán serlo tus colegas? ¿Estás agregando valor a tus áreas de efectividad?** Los casos que aquí presenta Alejandro Serralde, no solamente dan respuesta a estos interrogantes, sino también, propone herramientas y metodologías de abordaje a los problemas cotidianos de la Efectividad Gerencial».

Dr. Eduardo Jurado, Profesor ESAI *Business School*,

Ecuador.

Comentarios

«La vida no consiste en correr tras la zanahoria, ni en huir del palo. Se trata de hacer nuestra propia carrera. Integrarnos de forma efectiva y satisfactoria en el mundo requiere descubrir y aplicar nuestras propias competencias e intereses para aportar valor. Alejandro tiene el talento de ceñirse a los hechos, abrir nuevos caminos y crear relaciones significativas. Este libro es la prueba».

Efrén Martín, Profesor Universidad de Deusto,

España.

«Continuamente nos dejamos influir por modas pasajeras fruto de la mercadotecnia y no necesariamente de los principios probados del *management*. En este libro Alejandro ha sido capaz de sintetizar conceptos gerenciales complejos en un lenguaje accesible para todo el mundo apoyado de casos de éxito. He podido revivir una infinidad de experiencias exitosas a lo largo de mi vida profesional en la que he sido testigo del poder que tiene Reddin en las organizaciones».

Dr. Ottavio Benfatto, Rector de la UDEO,

Guatemala.

«Medio siglo de efectividad gerencial es un descriptivo paseo por los impresionantes logros de dos generaciones de Consultores que, además de compartir el mismo nombre, los Alejandros comparten una misma pasión: crear valor a través de novedosas y efectivas herramientas gerenciales».

Jorge Menéndez, Profesor IESA, Venezuela.

Comentarios

«Gracias por seguir sumando y agregando valor al mundo organizacional, y además por compartir tus conocimientos y experiencias a través de tus libros. Este último recopila casos de éxito que demuestran que las Organizaciones que hablan el lenguaje de la efectividad e invierten en el desarrollo de su gente, definitivamente serán más exitosas».

Emily Moreau, *HR Manager*, Mahisoft.

«Además de proveer una guía práctica de herramientas gerenciales que han sido utilizadas en medio siglo, Alejandro acompaña cada capítulo de casos de éxito e historias que complementan extraordinariamente bien los conceptos. Recomiendo ampliamente este libro para todas aquellas personas y equipos de trabajo que deseen mejorar su efectividad».

Corina Montiel, *Marketing Director*, Microsoft.

«Alejandro escribe en este libro una gran cantidad de herramientas que permiten orientar a las personas a ser más efectivas a través de un liderazgo más consciente, incluyente y colaborativo. Me ha gustado mucho su practicidad y el abordaje de la flexibilidad, que sigue siendo un factor clave en el éxito de líderes y gerentes. Se lo recomiendo a personas que deseen tener un impacto y hacer la diferencia».

Nathalie Balda, Sr. Marketing Manager, Amazon Prime Video.

Alejandro Serralde

Dedicado a:

Robin Stuart- Kotze, Ph.D.

Por su impecable trayectoria como académico, consultor y escritor. Gracias a su inspiración y además a su guía, encontré la pasión por la escritura. Por muchos años más trabajando juntos Robin.

Alejandro Serralde

Alejandro Serralde

Índice de Contenido

Alejandro Serralde

Alejandro Serralde

Prólogo

Creo que todos los presidentes y gerentes de cualquier tipo de organización deben estudiar este libro para poner en práctica cada una de sus herramientas gerenciales. Igualmente, todos los directivos de junta directiva, consultores, *coaches*, inversionistas, estudiantes de negocios y todos aquellos entusiastas interesados en hacer la diferencia y provocar el cambio. Ante la dinámica cambiante del mercado, típicamente acompañadas de caos, un agente de cambio requiere de la objetividad para poder influir con inteligencia, dedicación y mucho coraje.

Este libro contiene herramientas científicamente probadas que les permitirán desarrollar la objetividad en la toma de decisiones. Además permitirá flexibilizar el liderazgo para ser más asertivo a la hora de influir en otros. El libro cuenta con ejemplos de gerentes de empresas globales y regionales que han logrado ser exitosos utilizando las herramientas Reddin. Y ¿por qué han sido efectivos manejando una de las pandemias más cruciales en los últimos 50 años? (COVID19). La respuesta la encontrarás en su flexibilidad y velocidad de respuesta.

Alejandro ha logrado resumir cada uno de estos principios básicos de la gerencia en un conjunto de herramientas. No se ha focalizado en las modas, ni tampoco en un reciclaje de conceptos, sino más bien en herramientas gerenciales que permitirán a líderes y gerentes: (1) Aprender a leer situaciones para aumentar la objetividad y orientar el liderazgo y (2) Un método de planificación efectivo para favorecer la ejecución.

Alejandro Serralde

Medio Siglo de Efectividad Gerencial

Tengo más de media década aplicando todas las herramientas Reddin en nuestra compañía. Nos han ayudado a crecer nuestra organización y nos han ayudado a flexibilizarnos ante cualquier situación. En una primera fase nos ayudó a estabilizar nuestros procesos gerenciales; en una segunda etapa para generar un sistema de entendimiento entre nuestros equipos regionales; y ahora para modificar la estructura organizativa para ajustarnos a una nueva realidad, que es compleja y requiere de una orquestación diferente.

Después de leer el libro puedo afirmar que cualquier persona tiene el potencial de ser un gran mentor de un equipo de trabajo. Sin embargo, para lograrlo, la persona requiere método, disciplina y sobre todo de un compromiso genuino de quererlo hacer. Esto por si fuera poco podría necesitar de un cambio de conducta, proceso que resulta generalmente retador. Este libro les ayudará a desarrollar las destrezas para poder ser un líder altamente efectivo en un mundo de constantes cambios.

José Rafael Chahín
Socio Fundador, GRS

Alejandro Serralde

0

Introducción

«Los seres humanos sabemos construir puentes, pero no siempre sabemos cómo construir organizaciones».

W.J. REDDIN

¿Por qué escribí este libro? Las motivaciones detrás de este trabajo han ido cambiando con el tiempo. En un inicio, el único motivo fue reconocer en vida a mi amigo y mentor, el Dr. Robin Stuart-Kotze, por toda su guía en mi carrera profesional. No obstante, el reconocimiento fue amplificándose hacia todos mis clientes que me han dado la oportunidad de trabajar en sus compañías y que desde hace más de diez años hemos vivido éxitos y fracasos juntos.

Alejandro Serralde

Pensé que sería importante compartir nuestra historia además de proveer en un solo libro lo que nosotros hemos capitalizado en conocimiento desde que mi Padre, Alejandro Serralde Solórzano fundó la firma Reddin en Latinoamérica y que hoy, a casi medio siglo de su fundación, sigue operando con éxito en un número importante de países.

Algunos clientes, abrumados por la creciente oferta de soluciones para mejorar el liderazgo me sugirieron escribir un libro que permitiese a los directivos de línea, además de los de Recursos Humanos, entender sobre liderazgo y las herramientas asociadas de la voz de alguien que lleva mucho tiempo haciendo este trabajo.

He de confesar que, para escribir este libro, me he tenido que pinchar muchas veces el brazo, para ganar objetividad, pues tiendo a preferir las soluciones que nuestra firma ofrece, ya que es lo que conozco y he practicado por más de una década. A la vez, que he sido testigo de que funcionan desde hace 50 años.

La lectura de este libro te permitirá:

- Contrastar distintos modelos de liderazgo.
- Aprender a utilizar algunas herramientas para tomar mejores decisiones frente a tus equipos de trabajo.
- Prevenir *fake news* para evitar que muerdas el anzuelo en el manejo de tu propio liderazgo.
- Ayudar a construir equipos más efectivos a través de una metodología y herramientas científicamente probadas.

Alejandro Serralde

El contenido de este libro lo podrás aplicar inmediatamente en tu organización. Será una guía para convertirte en un ente estratégico.

Habrán personas que tratarán de persuadirte para aplicar las herramientas que ellos aprendieron y lo que les ha funcionado. Estamos seguros que sus recomendaciones estarán limitadas a sus experiencias y no a las experiencias de una firma que lleva más de 5 décadas de servicio en numerosos países.

La realidad es que los seres humanos nos sentimos muy bien recomendando experiencias que nos han funcionado.

Regreso a mi frase: "me tuve que pinchar el brazo varias veces", ya que nuestra firma únicamente utiliza herramientas con las que se siente cómoda y estas son una minoría de las centenares que hay en el mercado. Simplemente, podemos presumir cientos de miles de horas de vuelo en esto y por lo tanto nos consideramos expertos.

Malcolm Gladwell dice que: "para volverte experto en algo requieres de 10,000 horas de práctica".[1] Este libro resume nuestras horas de vuelo para que tú las puedas aprovechar y así servir con mayor efectividad a tu organización.

---

[1] Gladwell, M., *Outliers: The story of success*, Penguin Books, 2008.

Alejandro Serralde

Esquema del Libro

Capítulo 1: El inicio. Resume lo que en nuestra consideración es relevante y aplicable, y contextualiza al modelo Reddin en la historia.

Capítulo 2: ¿Por qué las herramientas están sustentadas en un modelo teórico?. Los últimos 50 años han expresado de diferentes maneras la conducta. Las terminologías comprendidas por un sistema humano pueden traer consigo un esquema de lenguaje común que favorece el entendimiento y focaliza las discusiones. De esa manera el tiempo se emplea en la solución de problemas reales, en vez de tratar de entendernos unos con otros.

Capítulo 3: Herramientas para desarrollar el liderazgo. En este capítulo hacemos referencias a la aplicación práctica de las ideas de Reddin en procesos de cambio personal y orientación de grupos humanos a la efectividad.

Capítulo 4: Estructura dispara conducta. Los elementos estructurales como lo son: las reglas, los procedimientos, la distribución del poder, la orientación de un equipo, las metas, la medición, también contribuye a la conducta. Una manera de cambiar la conducta es modificando la forma de organizarte.

Capítulo 5: Herramientas orientadas a crear una cultura de efectividad en la era digital. Existe un conjunto de herramientas muy prácticas, que pueden aportar información valiosa para orientar el liderazgo y estimular las prácticas de trabajo a favor de la efectividad continuamente.

Alejandro Serralde

Capítulo 6: Obsesión por la efectividad. La conexión entre la efectividad real conducida por la efectividad de liderazgo. Tener cuidado de los inhibidores de la efectividad, como lo pueden ser: conductas de baja efectividad y la búsqueda de satisfacer tu propia efectividad personal y efectividad aparente.

Capítulo 7: Herramientas para aprender a leer la situación. Existen caminos para poder leer la situación a través de un método. Esto permite modificar la conducta y re-orientarla a las necesidades situacionales.

Capítulo 8: Iniciar con pequeños cambios. Además de la consciencia, la voluntad es requerida para facilitar el cambio. Los cambios se generan a través de la voluntad y de una reingeniería en las tareas. ¿Qué recomendamos hacer para producir estos cambios?

Alejandro Serralde

Muchas gracias...

Gracias al Dr. Robin Stuart-Kotze, quien a través de sus enseñanzas y su enorme corazón, me han permitido llevar nuestro legado a miles de personas en muchos países. Este libro no hubiese sido posible sin la inspiración de mi Padre, quien ha sido el mejor maestro y compañero de vida. A mi Madre por todas sus ideas y apoyo en la parte editorial.

Gracias a la valiosa contribución de muchos de nuestros clientes, a quienes debemos nuestra existencia y generosamente aportaron sus historias. Agradezco a: Coronel Rigoberto Acevedo, Coronel Freddy Forero, Adriana Yuseff, Gabriel Saybe, Jesús Mateos, Mónica Mondragón, Lionel Moss, Liliana Ovalles, Carlos Rocha, Mauricio Rosillo, Katalina Ramírez, Patricia Gómez Belmont, Edgar Aceves, Edgar Rosas, Mauricio Reynoso, Mariana Finol, Luz Marina Monzón y José Antonio Castillo.

Mi agradecimiento infinito a quienes enriquecieron este libro: Dra. Rocío Moreno, Dr. Eduardo Jurado, Profesor Efrén Martín, Profesor Jorge Meléndez, Dr. Ottavio Benfatto, Emily Moreau, Nathalie Balda, Kristen Reddin, José Chahín y Corina Montiel. Muchas gracias.

Finalmente a mi esposa y compañera de vida, Valentina Mata, sinónimo de efectividad en el siglo 21.

1

El Inicio

---

*«Teorías 1-D sugieren que un estilo
de liderazgo es mejor que otro,
Teorías 2-D sugieren que muchos
estilos son aplicables, la Teoría 3-D
sugiere cómo y cuándo cada estilo es
efectivo».*

W.J. REDDIN

**Estás por iniciar un capítulo interesante sobre la historia del
liderazgo. ¿Estás listo?**

La historia está basada en mis experiencias, las experiencias de
mi Padre, anécdotas de quienes trabajaron con Bill Reddin y
del Dr. Robin Stuart-Kotze; de quien he captado la mayoría de
las ideas.

Mi Padre conoció a W.J (Bill) Reddin hace más de medio siglo. Él había renunciado a su exitosa carrera en P&G, fastidiado un tanto de la burocracia del mundo corporativo. Si bien estudió Ingeniería Química, había encontrado un don extraordinario para comunicarse con grandes audiencias. Además, fue facilitador de Blake y Mouton de quienes hablaré más tarde.

Teorías Modernas de Liderazgo

Después de la Segunda Guerra mundial se intensificaron los estudios sobre liderazgo en los Estados Unidos. De una u otra manera hubo mucho contraste entre líderes efectivos e inefectivos. Esto desembocó en un gran estudio llamado el _Estudio Ohio_.

Mucha información fue recolectada y analizada. También se utilizaron métodos estadísticos. La conclusión del estudio terminó con la explicación del comportamiento expresado en: foco a la tarea y foco hacia las relaciones. Estas variables fueron vistas como independientes una de la otra. Esto se relaciona, en gran medida, con las primeras dos variables del Diagnóstico de la Efectividad Gerencial (DEG), del cual hablaré más adelante.

El *Estudio Ohio* dio pie a uno de los más exitosos modelos de liderazgo, el Grid Gerencial.[2] Blake incorporó a su modelo la orientación hacia la producción y la orientación hacia las personas. Utilizó números para describir los estilos, como lo describe la figura siguiente:

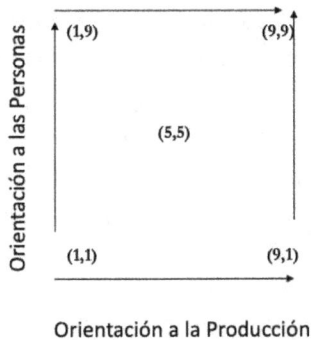

Orientación a la Producción

El modelo como tal generaba cuatro estilos de liderazgo basado en números:

- 9,1 *Task Management* – foco en la organización y foco a terminar tareas.
- 1,9 *Country Club Management* - foco a las necesidades de las personas, con muy poca preocupación por terminar la tarea.
- 1,1 *Improverished Management* prácticamente no hacer mucho; simplemente pretender estar ocupado, sin orientación por las personas, ni las tareas.
- 9,9 *Team Management* – foco a producir resultados y asegurarse que las necesidades de las personas fueran atendidas.

---

[2] Robert R. Blake and Jane S. Mouton, et al., *Harvard Business Review*, 1964.

Medio Siglo de Efectividad Gerencial

Mi Padre corrió decenas de programas sobre el Modelo de *Blake & Mouton* en P&G. Muchos de los participantes quedaban con la impresión que existía un estilo idóneo llamado 9,9 y que si las personas necesitaban ser más exitosas, debían apostarle a este tipo de liderazgo. Lo extraordinario de este modelo de liderazgo, es que las personas empezaron a interesarse mucho más en este tema. En esos años, S.S. Sales (1966), publicó su revisión sobre las investigaciones autocrática y democrática y concluyó que la supervisión de tipo democrática requiere de mayor esfuerzo de los empleados lo cual cuestionó radicalmente las ideas de un estilo de liderazgo idóneo.[3]

La idea de que de una u otra manera los resultados al utilizar un estilo u otro cambiaban, dio inicio a una nueva teoría desarrollada por el gran académico, Fred Fiedler, llamada el "Modelo de Contingencias". Fiedler (1967) incluyó en la ecuación de la efectividad, la situación.[4] Misma que fue de gran revelación para el mundo de las ciencias del comportamiento, porque comprueba que la conducta y el contexto están ligadas en la ecuación de la efectividad.

W.J. Reddin (1989) o Bill Reddin, como lo llamamos todos aquellos que estuvimos ligados a él, solía decir que: "Una teoría que no se utilizaba en el mundo práctico, realmente no servía de mucho". Por tanto, le dio un sentido práctico y operable en los negocios.[5] W.J. Reddin diseñó un conjunto de indicadores de requerimientos situacionales que exigían al gerente la manera en la cual debería operar si quería ser más

---

[3] Sales, S.M: «Supervisory Style and Productivity: Review & Theory», *Personnel Psychology*, Vol. 19, 1966
[4] Fred E. Fiedler: «A Theory of Leadership Effectiveness», *McGraw-Hill*, 1967.
[5] W.J. Reddin, «The smart managers book of lists», *Lake Publishing Co.*, 1989.

Alejandro Serralde

efectivo. El modelo se basó en las dos dimensiones del *Estudio Ohio*: **Orientación a la Tarea (OR)** y **Orientación a las Relaciones (OR)**, pero agregó una tercera dimensión llamada **Efectividad (E)**, que era el resultado de aplicar el estilo correcto a la situación dada.[6] Reddin sintetizó los diferentes comportamientos en cuatro estilos básicos y les dio un nombre a cada uno de ellos:

No obstante, para hacerlo práctico y operable, nombró de una manera diferente, al estilo aplicado correcto a la situación, de aquel que era aplicado de manera incorrecta.

- **Separado**, aplicado a situación que requiere este estilo equivale a Burócrata. Cuando es aplicado a otro tipo de situación, equivale a Desertor.
- **Relacionado**, aplicado a situación que requiere este estilo, equivale a Promotor. Cuando es aplicado a otro tipo de situación, equivale a Misionero.
- **Dedicado**, aplicado a situación que requiere este estilo, equivale a Autócrata Benévolo. Cuando es aplicado a otro tipo de situación, equivale a Autócrata.
- **Integrado**, aplicado a situación que requiere este estilo, equivale a Ejecutivo. Cuando es aplicado a otro tipo de situación, equivale a Transacción.

---

[6] W.J. Reddin, «Managerial Effectiveness», *McGraw-Hill*, 1970.

Medio Siglo de Efectividad Gerencial

Lo más importante del Modelo Reddin (1972), es su aplicabilidad. Con este modelo se puede evaluar la situación e identificar el estilo que es más apropiado y por tanto traerá consigo efectividad. Si bien estas ideas fueron descubiertas hace más de 50 años, hoy día siguen siendo relevantes y enseñados en programas de destrezas gerenciales.[7]

Paul Hersey y Ken Blanchard, mientras eran académicos en la Universidad de Michigan, acudieron a un seminario que W.J. Reddin y R. Stuart-Kotze instruirán en Toronto. Quedaron fascinados sobre la Teoría 3-D y cuando regresaron a Michigan, le agregaron lo que llaman, "la Curva de Madurez", con la idea de simplificar al máximo el modelo, poniendo atención únicamente al grado de madurez de los subordinados y con ello cambiar el estilo de liderazgo basado en su madurez. Si por ejemplo: el subordinado no sabe hacer su trabajo, el gerente debe darle órdenes, etc.[8] El modelo de Liderazgo Situacional es conocido en todo el mundo y los libros de Ken Blanchard han vendido millones de copias en todo el mundo. Personalmente a Ken le tengo mucho reconocimiento y cariño.

Más adelante vinieron enfoques con nombres diferentes, terminologías más sofisticadas, pero frecuentemente nacen del mismo origen. Podría seguir escribiendo más sobre estos puntos, no obstante, los académicos reconocen que las ciencias del liderazgo se escribieron en estos años y todo lo que se ha escrito desde entonces es un reciclado de ideas.

---

[7] W.J. Reddin & R. Stuart-Kotze «Effectiveness Situational Diagnosis», *McGraw-Hill*, 1972.
[8] Ken Blanchard «You want to know your leadership style?" », 1972.

Alejandro Serralde

¿Cómo hemos llegado hasta aquí?

Acerca de William (Bill) James Reddin (1930 – 1999).[9][10] Nació en Londres, hijo de un empresario Inglés que a los 14 años emigró a Canadá para vivir con su hermana, luego de que su casa en Wimbledon fuese bombardeada en la segunda guerra mundial. Logró graduarse de la Universidad de New Brunswick en las carreras de psicología, sociología y economía. Más adelante, obtuvo un MBA de *Harvard Business School* y un Sloan Doctoral Fellowship en *MIT*. Durante sus estudios en MIT, Reddin fue influenciado por Douglas McGregor, Kurt Lewin y Peter Drucker. Finalizó con un Ph.D. en la *Universidad de Bradford*, en donde diserta su tesis doctoral que es la base científica del modelo y nuestros *assessments*.

Durante su carrera escribió más de 25 libros, muchos de ellos publicados en varios idiomas en todo el mundo. Su teoría ha sido parte de más de 50 disertaciones doctorales en Estados Unidos. A principios de los años 70´s dejó el mundo académico para iniciar su carrera consultiva y fundó W.J. Reddin & Associates, misma que expandió a más de 25 países a través de un modelo semejante al que frecuentemente se utilizan en las franquicias. Bill Reddin entrenó a 25 consultores, entregó soluciones aplicativas y generaba la demanda a través de sus libros. Bill atendió directamente a clientes de la envergadura de General Motors, Westinghouse, U.S. Civil Service Commission, AMRO Bank, Ford Motor Company, IBM, Siemens, Westpac. Bill Reddin, en el ánimo de conquistar con su metodología consultiva y herramientas el mercado hispano, conecta con mi Padre, Alejandro Serralde Solórzano.

---

[9] «Mastering matters of management», *The Guardian*, August 1999.
[10] «W.J. Reddin», *Wikipedia*, August 1999.

Alejandro Serralde

Acerca de mi Padre, Alejandro Serralde Solórzano (1941 – presente) nació en Ciudad de México e ingresó a la facultad de Química de la U.N.A.M. Se graduó como Ingeniero Químico. Fue el primer miembro de su familia en cursar una carrera universitaria. Trabajó tiempo parcial como dibujante en P&G, empresa que más adelante le abrió las puertas para trabajar de tiempo completo. Durante su carrera profesional corporativa y en medio de una cultura meritocrática como la de P&G, mi Padre llegó a ser reconocido, continuamente, por su alto rendimiento. En P&G aprendió el arte de la gerencia efectiva en donde, además, se dio cuenta de un talento que tenía para comunicarse y enseñar. Fue consultor interno en P&G de programas de *Blake & Mouton* por lo cual recibió varios reconocimientos.

En 1970 decide dejar P&G y convertirse en consultor independiente en el área de ingeniería de proyectos. Con una vocación hacia los estudios de la gerencia, fue parte del Instituto Mexicano de Consultores de Empresa (IMCE), eslabón que lo conecta con W.J. Reddin & Associates y con Bill Reddin. En 1974, firman un acuerdo de representación para México. Además adquiere los derechos de la revista Inglesa, *Management Today*, hecho que le permitió escribir continuamente y llegar a decenas de miles de gerentes en todo el país. En 1994, compra el capital intelectual Reddin para todos los países de habla hispana y se convierte en la organización Reddin más grande del mundo. Hacia finales de siglo escribe el libro: Liderazgo para el Futuro, proponiendo una cuarta dimensión (4-D) de la Gerencia, la trascendencia.[11] Del libro se desprendieron programas y herramientas que hoy

---

[11] Serralde, A. «Liderazgo para el Futuro», 1999.

día siguen siendo utilizadas en más de 15 países. En el año 2011, junto con los consultores Reddin, practicantes en otros países, impulsa una red para acordar la unificación de las representaciones Reddin y poder trabajar colaborativamente en programas internacionales. Ha sido un purista del trabajo de Reddin. También ha sido el motor empresarial de las ideas de Reddin y ha logrado mantener vivas sus ideas por medio siglo.

Hoy día, sigue presidiendo su firma de entrenamiento y consultoría en México. Trabaja conmigo en **Reddin Assessments** creando tecnología para facilitar la toma de decisiones y colaborando codo a codo en programas internacionales. Juntos tenemos oficinas en México, Miami, Los Ángeles, Colombia y Perú.

Medio Siglo de Efectividad Gerencial

Acerca de Robin Stuart-Kotze (1939 – presente). Nació en Sudáfrica y a muy temprana edad emigró a Canadá. Estudió en la Universidad de Bishop y más adelante completó un MBA en la Universidad de Queen, en la cual Bill Reddin era profesor visitante. Stuart-Kotze y Reddin trabajaron juntos en proyectos con General Motors, Westinghouse, por mencionar solo algunos. Escribieron juntos *Money Management* y *Effective Situational Diagnosis*. Stuart-Kotze puso en pausa sus proyectos consultivos para iniciar su Ph.D. en Psicología Organizacional en la Universidad de Warwick. Después de terminar su doctorado, tuvo un exitoso pasaje por el mundo de los negocios.

Fue V.P. de Central Capital Corporation, Presidente de BGH Central Atlantic, entre otras actividades. Fundó Behavioural Science Systems (1974), con el propósito de desarrollar tecnología para medir comportamientos específicos, mismos que ha distribuido en todo el mundo. Su firma ha trabajado con Xerox, Oracle, P&O, PwC y Ford Motors.

Ha sido profesor en Saint Mary's Acadia, Memorial Universities, Aston, Warwick y Oxford. Ha escrito 10 libros incluidos:

- *Money Management*, con W.J. Reddin,
- *Effective Situational Diagnosis* con W. J. Reddin
- *Management* con Stephen P. Robbins
- *Principles of Management* con Stephen P. Robbin
- *Introduction to Organizational Behaviour*
- *Success Guide to Managerial Achievement* con Rick Roskin
- *Performance: The Secrets of Successful Behaviour*
- *Who Are Your Best People? How to Find, Measure and Manage Your Top Talent* con Chris Dunn.

Alejandro Serralde

- *The Seven Secrets of Highly Effective Leaders* que escribimos juntos en 2018.
- *Success: What to do (and not do) to be successful* que también escribimos juntos en 2019.

Los libros han sido traducidos al Español, Holandés, Mandarín, Ruso, Coreano y Polaco. Robin vive en Irlanda, continúa escribiendo y desarrollando herramientas de diagnóstico que distribuye a consultores en varios países. Nosotros distribuimos sus herramientas en Latinoamérica.

Alejandro Serralde

Los inicios de mi Padre, 1974 de la mano de W.J. Reddin.

La Vasconia, consorcio mexicano, fue uno de los primeros usuarios de las herramientas Reddin para países de habla hispana. Fue cliente asiduo del Seminario de Efectividad Gerencial 3-D. La influencia de un alto ejecutivo, mientras estudiaba en el IPADE, llevó a la conexión con Ciba-Geigy en una época en la que se fueron incorporando otras empresas usuarias como: Anderson Clayton, Hylsa, GIRSA, Sabritas, Seguros Tepeyac, Cervecería Moctezuma y Sperry Univac.

Primer caso de éxito

Ciba-Geigy (hoy Novartis) fue un primer caso de éxito. Requería implementar un sistema MBO (*Management by Objectives*) y necesitaba ayuda para implementarlo autónomamente. La metodología de implementación de las herramientas Reddin, a través del Seminario de Efectividad Gerencial 3-D, seguido de Laboratorios de Trabajo en Equipo y Fijación de Objetivos, permitió la formación de más de 100 directivos de la organización. Se logró la implementación de sistemas de medición a través de Áreas de Efectividad, Métodos de Medición y Objetivos en tres niveles de la organización. Además, se adoptó como lenguaje de comunicación el estilo de liderazgo Reddin. La implementación fue exitosa y recibió reconocimiento de la división internacional de la empresa con sede en Basilea. En México la empresa estaba dentro de las diez compañías con mayor participación en el mercado. Hacia el final del proceso, Ciba-Geigy estaba ya dentro de las 3 de mayor participación.

Alejandro Serralde

Eso llamó la atención del sector farmacéutico y comenzaron a sumarse a la práctica de efectividad gerencial empresas como Boehringer-Ingelheim y Roussel ahora Sanofi en la década de los 80's. La mayoría de estas empresas siguen siendo nuestros clientes.

Primer cliente transoceánico

Sperry Univac (ahora Unisys), se impresionó de la lectura que hacían los diagnósticos Reddin y esto fue la puerta de entrada para trabajar con Luis Felipe Vega, su CEO. Luis Felipe requería flexibilizar a sus gerentes, pues si bien eran exitosos captando nuevos clientes, no lo eran reteniéndolos. Hacía falta estimular la lealtad de los usuarios. El proceso de transformación inició con las cabezas, comenzaron con un Laboratorio de Estrategia Organizacional y a partir de ese momento, más de 80 personas de niveles 1, 2 y 3 participaron en el Seminario de Efectividad Gerencial 3-D. Cada equipo natural, tuvo como proceso de reforzamiento el Laboratorio de Trabajo en Equipo en áreas como Comercial, Operaciones, Finanzas, y Servicio a Clientes entre otras. La cultura de efectividad permeó sólidamente. Luis Felipe Vega consigue los mejores resultados de la región, se convierte en *Manager of the Year* y fue promovido a presidente de la región ibérica.

En España, Luis Felipe repitió la fórmula, implementando la misma metodología e inicia con el Seminario de Efectividad Gerencial 3-D y continúa implementando Laboratorios de Trabajo en Equipo. Los resultados se repitieron: el crecimiento en ventas y utilidades superó cualquier tipo de expectativas. Luego llegaría Burroughs quien adquirió a Sperry para conformar una gran empresa conocida como Unisys.

Los inicios estuvieron llenos de incertidumbre y volatilidad, pero muy rápido se acreditaron los programas que hoy día siguen siendo clave para nuestra organización: Seminario de Efectividad Gerencial 3-D, *Leadership Acceleration Program*, así como nuestros Laboratorios *In Company* para reforzar una cultura de progreso, innovación y efectividad; comenta mi Padre, Alejandro Serralde Solórzano (2020).[12]

Desde nuestros inicios, la objetividad que aportan nuestros diagnósticos han cautivado a los clientes. Por esta razón, sugerimos a cualquier persona (independientemente de su profesión) dominar el lenguaje de estilos y la comprensión de nuestros diagnósticos.

---

[12] Serralde-Solórzano, Alejandro. Entrevista personal. Abril 2020

Mis inicios en 2011 de la mano de mi Padre y mentores clave.

Primera experiencia: un cliente global

AstraZeneca es una de las empresas farmacéuticas más importantes del mundo que adquirió la plataforma de diagnósticos Reddin casi al mismo tiempo en que me incorporé a la firma en 2011, después de un largo recorrido por Australia. Yo no conocía mucho de procesos de Recursos Humanos. AstraZeneca requería rápidamente empaparse de nuestra tecnología para poder optimizar el proceso de selección.

Todavía recuerdo la llamada de Jorge García Ramírez, Director Regional de Recursos Humanos para Latinoamérica, solicitando apoyo para robustecer sus prácticas a través de las herramientas Reddin. Recuerdo que con poca pericia técnica, pero sí con experiencia en *Project Management*, pude entender su necesidad, escribirla en un documento y convocar a consultores técnicos para generar una propuesta, misma con la que Jorge quedó muy satisfecho pues me dijo: "pudiste entender muy bien mi necesidad".

Jorge, previamente había trabajado en Cemex, Avon y fue Consultor Senior en Korn Ferry, por lo tanto un elogio de él era un estímulo para prepararme y agregar valor (como si fuera un consultor de McKinsey & Company). Recuerdo que al leer el Reporte de Liderazgo Efectivo (RLE) de Jorge García, algunas páginas llamaron mi atención: alta capacidad para desarrollar personas y capacidad para encontrarle talentos a otros, características que me dieron mucha confianza. Después de una sesión de entrenamiento exitosa, antes de llegar a mi casa, me llamó hacia las 20:00 hrs. y me dijo: "tengo que elegir a un Gerente Distrital, ¿me acompañas? Necesito tu ayuda".

Ahí empezó una larga historia de colaboración que agradeceré siempre. De Jorge, aprendí que su contribución más importante era tener talento disponible para que la organización pudiera ser exitosa; de ahí se desprendían muchos procesos clave que debían funcionar a la perfección.

Primer caso de éxito a través de sistematizar competencias con nuestros diagnósticos.

AstraZeneca había recibido un conjunto de lineamientos de Inglaterra frente a la medición de competencias. Para ello, se habían centrado en comportamientos asociados y grados de dominio vinculados a la posición que tenían en la organización, tanto para posiciones gerenciales como comerciales. Además, requerían que esto detonara en un crecimiento muy acelerado de la gente y con ello lograr unas metas muy ambiciosas. Para esto adecuamos un lector y traductor al Diagnóstico de la Efectividad Gerencial (DEG) y al Diagnóstico de la Efectividad en Ventas (DEV), capaz de proveer una lectura muy puntual sobre el grado de dominio de cada persona frente a cada una de las competencias y contrastarlas frente a un nivel deseado. Para las brechas obtenidas, además nos pidieron sistematizar un conjunto de recomendaciones que facilitarán la elaboración de un plan de desarrollo puntual.

El proceso de implementación tomó 2 meses. Al tercer mes, reunimos cerca de 200 personas, entregamos sus reportes, y a través de dinámicas grupales, guiamos el establecimiento de un plan muy puntual. El equipo de Recursos Humanos hizo una gestión extraordinaria en el seguimiento. Dimos conferencias a más de 600 personas.

Después de 12 meses, el nivel de dominio promedio de 700 personas, había aumentado un 17% y los resultados de negocio habían sobrepasado las expectativas. Esto me abrió las puertas al equipo directivo, comandado en ese entonces por el CEO, Ugo De Jacobis, con quienes trabajé en sesiones 1:1 para mejorar las destrezas de influencia de su equipo.

Un caso de éxito puede ser globalizable.

La historia con AstraZeneca nos ha llevado a servirles en otros procesos también. Ayudamos al equipo de Colombia en un proceso de Planeación Estratégica e Integración, del cual se desprendieron sesiones 1:1 utilizando el Reporte de Liderazgo Efectivo (RLE) y la guía del Reporte de Competitividad de Talento (RCT) para establecer planes de desarrollo. Finalizadas las sesiones con los gerentes, iniciamos un proceso semejante con la fuerza comercial, utilizando el Reporte de Efectividad Comercial (REC) y seguido de un plan de desarrollo a través del Reporte de Competitividad Comercial (RCC). Rafael Mendoza, Presidente de los Países Andinos en aquel momento, quedó muy contento y gracias a la información de las estadísticas grupales, pudo rápidamente integrar un equipo que se volvió altamente efectivo. Miembros del equipo de Rafael en Ecuador, Colombia y Perú participaron en el *Leadership Acceleration Program,* al que se refirieron como uno de los mejores programas de liderazgo[13].

---

[13] Arango, Wilson. Entrevista personal. Junio 2020

Alejandro Serralde

Además de un cariño muy grande que tengo a AstraZeneca, en el camino he conocido profesionales con quienes tengo recuerdos muy gratos y a quienes considero amigos, como son Jorge y Rafael, que años más tarde aparecería en uno de mis libros, Success: qué hacer y (dejar de hacer) para ser más exitoso en tu trabajo. Rafael me ayudó a presentar en el *HR World Forum* y frente al Ejército Colombiano.

Spinoff de Reddin Assessments (2016).

A principios de 2016, mi Padre y yo hicimos un *spinoff* de su firma de consultoría y entrenamiento con el objetivo de tener bajo una corporación diferente todas las soluciones tecnológicas y que se pudiesen globalizar, pues al mercado internacional le hace más sentido esto. Así nace **Reddin Assessments**. Dentro de la nueva empresa tengo, en un comité estratégico a: Dr. Robin Stuart-Kotze, a Allison Christlaw, y recientemente a Petra Hendriksen, hija de mi gran amigo y mentor Hein Hendriksen, con quien he colaborado en proyectos en Europa y de quien he aprendido mucho. Finalmente, un ser estratégico que ha sido mi eterno socio, Juan Pablo Martinez-Blat, quien ha podido aplicar las herramientas Reddin, desde hace más de dos décadas, en negocios familiares y *Single Family Offices.* Gracias a Juan Pablo hemos podido diseñar intervenciones para aplicar nuestra metodología de *Assessments* en procesos *due-dilligence* durante el proceso de inversión privada (*private equity*)

Finalmente, a Kristen Reddin hija de Bill Reddin, con quien tengo una relación de amistad desde hace muchos años al igual que con su madre, Kathy Reddin, a quien Bill dedicó la mayoría de sus libros.

Todos nosotros hemos formado una comunidad de colaboración utilizando varios principios de Peter Drucker (1985), el primero hacer las cosas correctas y el segundo desarrollar prácticas de innovación a través de métodos colaborativos. Muchos de nuestros servicios y productos nuevos, han sido diseñados como lo dice Drucker: "en medio

Alejandro Serralde

de un torbellino de caos y del cambio".[14] Este libro ha sido escrito en medio de la crisis más difícil que me ha tocado enfrentar (Pandemia por COVID-19).

---

[14] Peter Drucker, «Innovation and Innovation», *Harper & Row Publishers*, 1985.

2

¿Por qué las herramientas están sustentadas en un modelo teórico?

«No hay nada más útil que una buena teoría aplicada apropiadamente».

W.J. Reddin

Durante muchos años he escuchado un número muy amplio de terminologías para describir la conducta humana. Unas definiciones son más descriptivas, otras aparentemente más sofisticadas, pero la realidad es que en su mayoría hablan de lo mismo.

En grandes corporativos con los que he trabajo, han llegado a cuestionar los nombres por su crudeza, y han decidido cambiarlos. Por ejemplo al estilo burócrata, (del cual hablaré más adelante), le llaman sistemático o al ejecutivo lo intercambian por colaborador. Esto solía provocarme un disgusto porque en el fondo querían ocultar una realidad cruda y endulzar para no ofender.

Reddin estudió con profundidad lo que Freud llama mecanismos de defensa y que se refiere a los inhibidores de la objetividad para proteger al individuo. Reconocerlos y trabajar en ellos, es una estrategia muy poderosa para el cambio del propio estilo. Además de los mecanismos de defensa más comunes como la proyección (eres tú, no yo), la racionalización (descripción de la realidad aparente), la adaptación negativa (aceptar algo malo y acostumbrarse a ello como si fuera normal), existe uno en particular que a mi me dice mucho: falta de un lenguaje conceptual (no hablar el mismo lenguaje).

Gerentes que hablan y trabajan necesitan tener a la mano un conjunto de conceptos que pueden ayudar a tener la misma base de entendimiento; esto lo describe W.J. Reddin muy bien en su libro *Managerial Effectiveness*. Sin esto, algunas conversaciones valiosas podrían no tenerse. De esto se han obtenido, por tanto, un conjunto de términos acordados que permiten que las conversaciones fluyan con descripciones objetivas. Por esta razón, contar con conceptos gerenciales conlleva a discusiones mucho más precisas y breves. Por si fuera poco, no solo ayuda a disminuir las conversaciones sobre la definición del concepto, sino sobre las realidades de la situación actual. Por ejemplo: si uno habla del Estilo Misionero, todos entenderán de qué se trata.

La Teoría 3-D permite obtener un conjunto de terminologías para llevar a cabo discusiones de una manera más precisa. El lenguaje por su naturaleza es simple, habla de estilos, de elementos situacionales y de efectividad. Ayudan a desarrollar el nivel de autopercepción ya que se centran en los elementos situacionales y en el impacto del comportamiento.

Por esta razón, cada vez que un cliente llega a cuestionarme sobre las terminologías, trato de eliminar la conversación de la ecuación y si en su compañía se habla otro lenguaje, simplemente optamos por un traductor de términos. Lo importante es que se hable un lenguaje común. En un alto porcentaje de los casos, incorporar un modelo es mejor aceptado por culturas que le dan la bienvenida al cambio y que pueden entender el racional del modelo. W.J. Reddin frecuentemente cuestionaba los modelos, justamente porque si no eran prácticos, entonces no servían de mucho.

En los últimos 50 años, han ido cambiando las preferencias de medición. Se inició con ejes cartesianos, después estilos de liderazgo, años después competencias, medición de conductas específicas y de acuerdo al Ph.D. Kenneth Nowack, un eminente psicólogo de UCLA y miembro del Consorcio de Investigación (en Investigación Emocional) me comentó que estilos serían de nuevo una moda en las organizaciones. Aquellos assessments que evalúan estilos y de los cuales se puede obtener información sobre habilidades, competencias y efectividad conductual son aquellos que pronostican bien el desempeño futuro.[15]

Por lo tanto, los estilos pueden ser un camino fácil para comunicar conceptualmente un conjunto de características conductuales que pueden llegar a la consciencia del gerente sin causar mucha resistencia.

Además, contar con un modelo que se ha probado por la vía de las ciencias, permite obtener la fase diagnóstica y además el remedio. W.J. Reddin (1992) se focalizó en la efectividad como eje central del desempeño del gerente. Por lo tanto, para ser más efectivo necesitas: resultados que lograr, navegar frente a un sin fin de situaciones y actuar con pertinencia frente a cualquier situación con el estilo que requiere dicha situación. Algunas personas a esto le llaman una teoría. Otras personas, un modelo, pero para efectos prácticos de este escrito, tal y como lo menciona Reddin en su libro: Cómo ser más efectivo, **son herramientas aplicables que se han probado por muchos años.**[16]

En numerosas ocasiones he escuchado en líderes y gerentes que evocan a la personalidad, como un elemento clave en la efectividad. Reddin la eliminó de la ecuación por dos razones, primero su complejidad y segundo porque además encontró que la efectividad y la personalidad no están ligadas. La efectividad como ya lo había confirmado Fred Fiedler (1990), está ligada a la capacidad de adaptación de la conducta frente a distintas situaciones. Además, la personalidad no determina el comportamiento únicamente. El comportamiento cambia,

---

[15] Ken Nowack, «From Insight to Improvement», *Evisia Learning*, 2016.
[16] W.J. Reddin, «How to make your management style more effective», *Scott, Foresman & Co*, 1992.

Alejandro Serralde

dependiendo del contexto social. "Uno actúa de una manera diferente si va a un funeral o si va a un juego de fútbol".[17]

Se sabe que desde muy temprana edad, se determina tu propia personalidad. Ésta va generando ciertas preferencias —cómo deseas actuar sin limitación alguna—. Desafortunadamente, los trabajos tienen muchas limitaciones. Aunque te guste dormir hasta el mediodía, si el horario laboral comienza a las 9:00 a.m, es mejor que estés a tiempo si deseas conservar tu trabajo. Debido a tu personalidad, puede ser que te guste dominar a las personas; sin embargo, no es conveniente que lo hagas con tu jefe. En conclusión, lo que te «gusta» (prefieres) hacer no es precisamente lo que «debes» hacer.

La personalidad predice aproximadamente el 15% de tu comportamiento. Justamente, son las acciones (o estilos), aquellas que determinan tu desempeño. [18] [19] Por ende, no es acertado confundir conducta con personalidad. Lo que haces (comportamiento) determina tu desempeño, no lo que eres (personalidad). Es esencial entender y diferenciar estos términos.

Las situaciones son tan cambiantes y continuas que tu personalidad no puede encajar en todas las situaciones posibles, por lo tanto, no es buen indicador de la efectividad. Además, no somos prisioneros de nuestra personalidad. Para ser efectivos, muchas veces, requerimos poner a un lado nuestras preferencias (personalidad) y actuar con flexibilidad.

---

[17] Fred E. Fiedler et al.,, «Leadership and Effective Management", *Malaysian Institute of Management*, 1990.

[18] Mischel, W., *Personality and Assessment*, Lawrence Earlbaum, 1968.

[19] Nisbett, R., cited in Funder, et. al, "Personality psychology in the workplace: Decade of behaviour", *American Psychological Association*, 2001.

Alejandro Serralde

Recordemos que la efectividad está vinculada con lo que logramos, no con lo que somos.

La Policía Nacional de Colombia se convierte en una de las mejores.

La Policía Nacional de Colombia es un cuerpo armado permanente de naturaleza civil, a cargo de la Nación, cuyo fin primordial es el mantenimiento de las condiciones necesarias para el ejercicio de los derechos y libertades públicas y para asegurar que los habitantes de Colombia convivan en paz.

La búsqueda de un cambio.

La institución ha realizado esfuerzos sobre-humanos por cambiar su filosofía organizacional y pasar de ser una organización autoritaria y burocrática a una organización en donde cada uno, de sus hoy día 180,000 miembros, sean un ejemplo para la ciudadanía. Todo esto se inicia con el General Óscar Adolfo Naranjo Trujillo ganador del premio Mejor Policía del mundo. Más adelante fue Vicepresidente de Colombia.

La carrera de un Policía inicia generalmente en la casilla más baja del organigrama, realizando actividades básicas. A base de mérito, cada persona, puede ir escalando posiciones. Durante muchos años las decisiones de ascenso han sido cuestionadas y no tenían la mejor reputación.

Son cerca de 5,000 decisiones por año referentes a procesos de promoción. La llegada del General Naranjo, trajo consigo muchos cambios. Para empezar puso un foco en mejorar las prácticas de evaluación para el reclutamiento de los nuevos ingresos. Se sabía que una autocracia desmedida traía consigo muchísima deserción que a su vez causaba rotación.

Alejandro Serralde

Nuestra organización llega en 2007 como parte de una necesidad de la Policía Nacional de Colombia de incorporar tecnología para poder alinear a las personas frente a los puestos. La oferta de Reddin se convierte en una opción preferida por el sustento Teórico y Metodológico y además por la validez y confiabilidad de sus herramientas. El modelo de competencias Policial buscaba medir:

- El ser
- El saber hacer
- El saber estar

Con los resultados de la medición, se han establecido estrategias de cambio para modificar la cultura de la institución, comenta Rigoberto Acevedo Mora (2020), hoy día Director del Área de Sanidad.[20]

Optimización del proceso de selección.

La incorporación de las herramientas de evaluación ayudó a optimizar el proceso de selección y ascenso de los Policías. A través de la tecnología y de las herramientas se lograron, rápidamente, muchos cambios. El General Naranjo sabía que si se requería de un cambio, se debía iniciar con la incorporación, pues esto traería consigo la disminución de riesgos. En búsqueda de la humanización de la institución se tenía otro reto. Este era ubicar gente clave que se sumara a la transformación. Para ello se realizó un inventario de talento a través del Diagnóstico de Efectividad Gerencial (DEG).

Reddin Assessments, a través de intervenciones y talleres logró dotar a la Dirección de Talento Humano con las destrezas

---

[20] Acevedo, Rigoberto. Entrevista personal. Abril 2020.

necesarias, además de transferir el conocimiento necesario para que pudieran aplicar, todos, el suite de instrumentos a miles de integrantes de la Policía. Adicionalmente, esta Dirección incorporó Áreas de Efectividad, Métodos de Medición y Objetivos como componentes organizativos. Los resultados fueron impresionantes y se consiguieron con mucha rapidez.

Transparencia y automatización en el proceso de promoción.

A través de un numeroso conjunto de familias de puestos, de una población de 180,000 personas, se contrastaron los requerimientos de puestos frente a las capacidades diagnosticadas en los Policías para asegurar que la alineación fuese óptima. Esto permitió incorporar ciencia al proceso de promociones. Al quedar todo esto en un sistema digitalizado, se volvió cada día más automatizado.

Además de la certeza en la decisión, la disminución del riesgo en la promoción y la equidad en el proceso humano, fue creando una gran imagen de transparencia al exterior de la institución. Estos procesos se fueron convirtiendo en un referente en toda latinoamérica. "Deseamos asegurar que cada individuo agregue el máximo valor a la institución por medio de una dirección con un profundo sentido humano para que Colombia siga siendo un lugar seguro y una mejor nación", comenta Sonia Cárdenas, Jefe de Servicios Generales .[21]

---

[21] Cárdenas, Sonia. Entrevista personal. Agosto 2014

Aplicaciones de decenas de miles de diagnósticos para cambiar la cultura.

La Policía Nacional de Colombia ha aplicado decenas de miles de diagnósticos de nuestro *suite*. Hemos desarrollado para ellos *tests* específicos a su entorno, así como herramientas que han ayudado a medir el estado deseado de la cultura de su institución. De la mano de un gran equipo de Dirección de Talento, se ha logrado participar en la construcción de un modelo de Liderazgo Policial, en el que se han medido los atributos a través de nuestras herramientas. Para favorecer el proceso de transformación, cerca de 70 Generales, Coroneles y Tenientes Coroneles participaron en el Seminario de Efectividad Gerencial 3-D, en el que también participaron civiles de empresas corporativas. Esto tuvo un gran impacto en la vida de los Policías.

Rigoberto (2020) define la cultura policial, como una de las más estrictas: "Todos los policías tienen conductas Autócrata - Burócrata, no obstante, al no tener Áreas de Efectividad y Métodos de Medición, las personas son excesivamente eficientes, pero no necesariamente efectivas". El aporte de Reddin, en algunas áreas de la institución, frente a la efectividad real (áreas de efectividad), trajo consigo un cambio de consciencia en muchos oficiales.

Mi Padre y yo tuvimos la fortuna de instruir de la mano un par de ellos, mismos que disfrutamos enormemente. Ha pasado una década desde que iniciamos este trabajo y hemos logrado contribuir a la transformación de la Policía, siendo testigos de numerosos premios que les han entregado y celebrado muchas victorias juntos. Hemos contribuido una herramienta personalizada con información clave para integrar mejores sistemas de información de talento humano y así poder focalizar los esfuerzos de desarrollo para tener una Policía con talento más competente. Por otra parte, nos comentó en su momento Sonia (2014): "nuestros procesos son transparentes y ahora ejemplares para otras Policías".

De acuerdo con Rigoberto (2020), uno de los grandes aportes de Reddin: "es proveer principios gerenciales probados". Rigoberto, los ha aplicado en su carrera gerencial dentro de la Policía. Ha podido aprender a leer mejor el entorno y flexibilizar la conducta para ser efectivo, durante las diferentes etapas en su carrera Policial. Rigoberto ha pasado por cargos que cuentan con Unidades de más de 2,800 policías. Después de dirigir las áreas de Talento, ha podido recorrer otros cargos gerenciales. Hoy en día es jefe regional del área de salud, teniendo bajo su responsabilidad 92,000 personas.

El rol de un líder de acuerdo a Rigoberto (2020), consiste en tener claro lo que espera de ti el entorno y no chocar con él, ni tampoco ser caprichoso con este, sino aprender a flexibilizar tu propia conducta y lograr dar resultados. Las herramientas Reddin las ha aprendido a aplicar en su carrera gerencial. La flexibilidad lo ha llevado a ser exitoso frente a diversos puestos en diferentes regiones de Colombia.

Rigoberto ha sido un líder que ha creado suficiente incomodidad en un sistema, para crear cambios, remando continuamente contra la corriente. Es enemigo de la efectividad aparente y benefactor de la efectividad real.

El Comando General de las Fuerzas Militares.

El Comando General de las Fuerzas Militares es la entidad de más alto nivel de planeamiento y dirección estratégica para las instituciones castrenses del país. Bajo su égida y faro están el Ejército Nacional de Colombia, la Armada Nacional y la Fuerza Aérea Colombiana. Están constituidos por personal muy competente con un nivel académico muy alto y una convicción total por la Institución.

"Continuamente el Comando General está en búsqueda de tecnología, procesos de mejora y herramientas que les permitan aprovechar mejor las destrezas del talento para ejercer un liderazgo efectivo en cada una de las misiones",[22] Comentó el Coronel, Freddy A. Forero, quien ha sido el responsable de aprovechar nuestro modelo en las fuerzas militares.

"La conexión de la Teoría 3-D de Reddin, los estudios de *The Ohio State Studies* post Segunda Guerra Mundial y el uso de herramientas en el sector militar y el sector empresarial, así como su validez científica ha sido lo que nos ha dado la confianza de saber que estamos en buenas manos".

---

[22] Forero, Freddy A. Entrevista personal. Abril 2020.

Medio Siglo de Efectividad Gerencial

El Comando General es considerado un centro de experticia y por tanto antes de empezar a trabajar con las diferentes fuerzas, entrenamos al equipo del Coronel Forero. Durante los entrenamientos se aplicaron en la Unidad, los siguientes tests:

- Diagnóstico de la Efectividad Gerencial (DEG)
- Diagnóstico de la Mejora 360 (DM 360)
- Encuesta de Clima (EC)
- Encuesta Orientación a la Efectividad (EOE)

Esto es algo que valoran mucho dentro de la institución porque los entrenamientos se volvieron prácticos y en ellos se encontraron soluciones a problemas. Según el Coronel Forero, han encontrado el inicio de un diálogo de mejora derivado de las conversaciones y retroalimentación que genera cada uno de los diagnósticos. Los planes de desarrollo son puntuales y dirigidos a la mejora.

Habiendo transferido el conocimiento, se aplicaron los diagnósticos Reddin a una muestra muy selecta, entre la que se encontraban Brigadieres Generales, Contralmirantes además de 30 Mayores que tuvieran un desempeño sobresaliente. Con base en los resultados de los *tests* se establecieron planes de mejora, incluidos programas de capacitación para mejorar las brechas frente a sus estilos de liderazgo. Las buenas experiencias con el Comando General, nos permitió llegar a las Fuerzas Armadas y además al Ejército de Colombia.

En las Fuerzas Armadas, se utilizan los instrumentos para la evaluación y selección de Oficiales y Suboficiales y así tener un criterio objetivo para el ascenso.

Alejandro Serralde

El Ejército por su parte, hizo un análisis muy interesante, en el que se perfiló un puesto clave, llamado Comandante de Batallón, mismo que es crítico en la carrera militar y permite validar quienes son las personas que ocuparán los cargos más importantes de liderazgo en el Ejército. El ejercicio consistió en diseñar el cargo a través de las demandas situacionales que ofrece el Perfil de Requerimientos Gerenciales (PRG) y contrastarlo frente al Diagnóstico de la Efectividad Gerencial (DEG). De este proceso de alineación, se pudo obtener un criterio adicional para elegir de 315 candidatos a los 60 Comandantes de Batallón con mejores conductas de liderazgo para hacer frente a la misión.

Además se entrenó en el Modelo Reddin a las 315 aspirantes para dotarlos de destrezas. El proceso fue muy revelador, comentó el Coronel Ángel Riveros (2018), quien en ese momento era el encargado del Departamento de Talento Humano. "Validamos de manera científica quienes eran los candidatos ideales para uno de los cargos más retadores de nuestra institución y transferimos destrezas para enfrentar mejor el futuro".[23]

"Las herramientas gerenciales de Reddin seguirán siendo muy importante en las Fuerzas Militares por su amplitud, por su exactitud, por su capacidad para identificar los disparadores de un clima y además por la precisión con la que puede pronosticar el éxito y la efectividad de un candidato frente a un cargo crítico" - Coronel Freddy Forero.

---

[23] Riveros, Ángel. Entrevista personal. Agosto 2018.

3

Herramientas para desarrollar el liderazgo

---

*«El trabajo de un gerente es crear
valor, tomar decisiones y elevar la
efectividad de sus colaboradores, por
lo tanto el entrenamiento debiese
enfocarse en esto».*

W.J. REDDIN

La teoría, el modelo o ideas de W.J. Reddin han sido aplicadas exitosamente en los siguientes campos:

- Desarrollo de destrezas gerenciales para directivos y líderes en programas públicos.

- Programas de transformación organizacional orientados a crear una cultura de efectividad diseñada a la medida del cliente.
- Herramientas para mantener el liderazgo efectivo en las organizaciones.

El descongelamiento

Viktor Frankl, sobreviviente del Holocausto, solía decir que es difícil concebir circunstancias de pérdida de control más extremas que estas. Sin embargo, aconseja que «cuando ya no podamos cambiar una situación, tenemos el desafío de cambiarnos a nosotros mismos».[24]

Nuestros entrenamientos son de alta intensidad para descongelar prácticas de trabajo y malos hábitos que inhiben la efectividad. El cerebro trabaja en dos niveles distintos: el consciente y el inconsciente. El primero es lento y flojo en comparación al segundo. El consciente procesa entre cuarenta y sesenta bits de información por segundo mientras que el inconsciente once millones de bits por segundo. Además, procesa imágenes completas en tan solo trece milisegundos.[25] Dado que el consciente es flojo, tiende a obviar las pequeñas señales que indican la necesidad de actuar diferente y convierte lo rutinario en hábito.

---

[24] Frankl, V., *Man's search for Meaning*, Ebury Publishing, 2008.
[25] Potter, M., et. al., «Detecting meaning in RSVP at 13 ms per picture», *Attention, Perception, and Psychophysics*, 2014.

Alejandro Serralde

En la parte profunda del cerebro, hacia el centro del cráneo, se encuentran los ganglios basales, que son unas masas que tienen el tamaño de una pelota de golf. Entre otras funciones, esta parte del cerebro, regula la formación de hábitos.[26] Más del 40% de las actividades que llevas a cabo diariamente son hábitos.[27] Los hábitos se adquieren mediante la experiencia y se refuerzan cada vez que los realizas. Por lo general, uno se siente cómodo con sus propias costumbres y conductas; por lo tanto, tendemos a favorecerlos. Cuando uno tiene una rutina que le resulta agradable, el cerebro deja de analizar el entorno y toma decisiones adecuadas. A nivel inconsciente, tú sigues realizando las actividades pese a las consecuencias menos efectivas.[28]

Para ser efectivo, es necesario focalizar la energía en aquello que agrega valor al puesto. Para ello es necesario dejar acciones que compiten por tu atención.[29] En la que quizás es la investigación más exhaustiva sobre los factores determinantes del desempeño, Morten Hansen, reconocido autor y profesor noruego, halló que el establecimiento de un conjunto pequeño de prioridades y los grandes esfuerzos correspondientes para cumplirlas, son los elementos principales que determinan el alto nivel de efectividad.[30]

---

[26] Ashby, F. G., Turner, B. O., and Horvitz, J. C., «Cortical and basal ganglia contributions to habit learning and automaticity», *Trends in Cognitive Sciences*, vol 14, 2010.

[27] Verplanken, B., and Wood, W, "Interventions to break and create consumer habits", *Journal of Public Policy and Marketing*, volumen 25, 2006.

[28] Zanna, M. P., Olson, J. M., and Fazio, R. H., «Self-perception and attitude-behaviour consistency», *Personality and Social Psychology Bulletin*, volumen 7, 1981.

[29] Fallon, S. J., et. al., «Prefrontal dopamine levels determine the balance between cognitive stability and flexibility», *Cerebral Cortex*, volumen 23, 2013.

[30] Hansen, M. T., *Great at Work: How top performers do less, work better and achieve more*, Simon & Schuster, 2018.

Alejandro Serralde

Medio Siglo de Efectividad Gerencial

Como lo indica W.J. Reddin: **"existe una definición poco ambigua de la efectividad gerencial y es el grado en el que un gerente logra los requerimientos orientados a resultados de su puesto"**

Después de descongelar hábitos y generar consciencia nuestros programas tienen el objetivos de:

- Mejorar el desempeño a través la re-ingeniería de los resultados clave y la medición continua.
- Adquirir destrezas para leer situaciones y flexibilizar el liderazgo de manera efectiva.
- Aprender metodologías y técnicas para mejorar el desempeño de un equipo, manejo asertivo de reuniones, resolución de conflictos y aprender a leer mejor las diferencias individuales.

Estos programas típicamente los manejamos incorporando personas de diferentes empresas, edades, en donde aspiran a ser gerentes o ya son gerentes experimentados. Para mandos medios, los programas tienen una duración de 4 días, iniciando un martes por la tarde y terminando el viernes a la hora del almuerzo. O también iniciando el jueves por la tarde y terminando el domingo a la hora del almuerzo. Cada día es muy intenso y requiere del compromiso de 14 horas de trabajo.

Para una gerencia más experimentada, es necesario iniciar el domingo por la tarde finalizando un viernes a la hora de almuerzo. Las experiencias han sido fenomenales. Este programa lo imparten diferentes organizaciones Reddin, sumando en total 3,000 seminarios en los que han participado más de 750,000 gerentes en todo el mundo. Continuamente se

Alejandro Serralde

han venido realizado diversas investigaciones para optimizar el programa. Uno de ellos forma parte del libro de W.J. Reddin (1988) llamado *The Output Oriented Organization*, en el cual resume la investigación realizada en *Massachusetts Institute of Technology* (MIT) donde se obtuvieron la siguientes conclusiones:[31]

- 92.5% de los encuestados en esta investigación y participaron en el Seminario de Efectividad Gerencial 3-D concluyeron que este programa debe seguir siendo un programa público, es decir, un programa en el que las personas que asisten, no se conocen.
- 87.3% aseguró que este tipo de programas es altamente beneficioso en cualquier tipo de organización, incluidas organizaciones gubernamentales y académicas.
- 88.9% atribuyó cambios conductuales al programa.
- 85% desea que hubiesen más entrenamientos de este tipo: inmersión total, con personas que no se conozcan y demandantes en su construcción.

Existen varios elementos que hemos cuidado desde 1970 y han sido los siguientes:

1. La teoría que circunda la efectividad gerencial no es ideológica. No tiende hacia un estilo en especial ni hacia una u otra filosofía. Es una teoría transnacional de efectividad gerencial.

2. El concepto de efectividad gerencial, es el origen y el destino del seminario. Éste es claramente un interés común en todo el mundo.

---

[31] W.J. Reddin «The Output Oriented Organization», *Gower*, 1988.

Alejandro Serralde

3. La mayoría de los instructores creen en el concepto de aislamiento cultural. Nuestro principal objetivo es el control total del medio ambiente durante el entrenamiento.

4. Hacemos un enorme esfuerzo en adiestrar a nuestros instructores para llevar a cabo los seminarios y mejorar sus conocimientos y destrezas. Hemos recibido muchos comentarios respecto a que ha sido la mejor experiencia en el campo de entrenamiento. Nuestros conductores expertos dicen: "Nos hacemos a un lado para que el participante forme parte integral del programa".

5. Existe material de entrenamiento traducido al Español, Alemán, Inglés, Portugués, Francés, Italiano, Finlandés, Holandés, Japonés, Mandarín y Coreano.

6. Se hace una edición muy cuidadosa del material para que no refleje diferencias de género, moneda en particular, marcos de tiempo, el valor de la efectividad versus utilidades y diferencias de status dentro de una organización.

Un paso clave para mejorar la efectividad del individuo es confrontarlo con su propio comportamiento. Si un gerente cree que la actitud que está utilizando en su relación de trabajo está bien orientada, cuando en realidad no lo es, esto puede resultar en un bajo nivel de efectividad.

Es necesario que la personas conozca su propio comportamiento, sus propias situaciones y su propia efectividad gerencial. El seminario logra esto a través de muchas técnicas. Una muy directa es la de proveer una gran variedad de pruebas e instrumentos de evaluación con el fin de que sea fácil comparar la percepción de estilo entre un gerente y otro, dentro del mismo seminario.

Otra técnica practicada es la revisión de casos de estudio, donde se identifican los estilos gerenciales que se están utilizando y luego se establecen comparaciones entre los demás participantes. Las técnicas de autopercepción están basadas en casos de estudio, cuestionarios y discusiones de grupo y de esa forma se logran conclusiones muy sólidas. Consideramos que la mejor forma para reducir los niveles de distorsión es a través de recibir estímulo de otros en situaciones reales.

Algunas experiencias narradas a continuación describen el cambio de conducta después de haber participado en el seminario. He considerado tomado como punto de referencia Seminario de Efectividad Gerencial 3-D que vivimos en la Ciudad de Antigua, Guatemala, del domingo 18 al viernes 23 de agosto del 2019, por tres razones: han pasado 9 meses desde que lo instruimos, asistieron 32 personas de 9 nacionalidades distintas y porque personalmente instruí este seminario.

Una empresa orientada al talento que ha multiplicado su valor 8 veces: GRS.

GRS es una de las marcas más exitosas de electrodomésticos en Centroamérica. Las siglas de la marca, dan sustento a una cultura de trabajo orientada hacia la Garantía, Respaldo y Servicio.

La cultura de GRS se caracteriza por la excelencia hacia la mejora continua. Existen sistemas gerenciales que promueven la apertura hacia las nuevas ideas y la efectividad. Se utilizan canales de comunicación en donde los colaboradores tienen libertad de cuestionar los procesos existentes y proponer nuevos métodos de trabajo. «El sueño de GRS es muy ambicioso y le pertenece a más de ciento sesenta y cinco personas. Solos no podemos, y una línea de pensamiento única no es suficiente»[32] comentó José Rafael Chahín, Socio Fundador de la empresa.

Reddin Assessments ha sido durante más de 5 años un socio estratégico de GRS y la relación ha tenido una evolución continua. Durante los primeros años, además de ayudarles a homologar la estrategia de crecimiento y formalizar responsabilidades a través de Áreas de Efectividad, Métodos de Medición y Objetivos, se dio foco a las prioridades estratégicas, claridad estructural y claridad en la autoridad.

---

[32] Chahín, José et al. Entrevista personal. Julio 2019.

Alejandro Serralde

Se instaló la plataforma de diagnósticos y durante 4 años se han aplicado:

- Diagnóstico de Efectividad (Gerencial, de Ventas y Operativa).
- Encuesta de Clima Organizacional y procesos de Clima Gerencial como método de sensibilización del liderazgo.
- Encuesta de Orientación a la Efectividad (EOE) acompañada de un proceso de sensibilización a través del Diagnóstico de Mejora 360 (DM 360)

El lenguaje en la organización es totalmente Reddin y además se han hecho esfuerzos por crear una conciencia en las personas de: optimización en costos, agilidad en la ejecución y responsabilidad en la rendición de resultados. Se han gestado destrezas de negociación en todos los integrantes y procesos de mejora tipo inter-team.

En Agosto del 2019, seis participantes vivieron la experiencia del Seminario de la Efectividad Gerencial 3-D multicultural, que vivimos en la Ciudad de Antigua, Guatemala. Adriana Yuseff, Directora de Bienestar y Desarrollo, fue la promotora, patrocinadora y además fue participante. "Hasta que uno no vive la experiencia, no ha vivido nada; el Seminario 3-D es consciencia, afirmación y reconocimiento",[33] comenta ella. Reconoce que vivir la experiencia requiere de la propia motivación del cambio. Primero, explica, "tuve que leer tres libros, resolver casos de estudio, siendo mamá y dirigiendo un equipo ubicado en 5 países, pero la convicción del cambio fue mucho más fuerte". Adriana vivió 6 días de máxima intensidad, con personas de diferentes culturas. Se enfrentó a las propias

---

[33] Yuseff, Adriana. Entrevista personal. Abril 2020.

exigencias del programa, que incluyen jornadas largas de tiempo, discusiones profundas, distintas generaciones y gran diversidad en las profesiones. Esto, comenta "vale oro y es tan emocionante, que los 6 días se me fueron en un suspiro; posiblemente han sido los días más rápidos de mi vida".

GRS después de 5 años trabajando con las herramientas Reddin, permeó el lenguaje de Áreas de Efectividad, Análisis Situacional y donde la conducta se describe a través de estilos. No obstante, la motivación de Adriana al inscribir a 6 de sus gerentes al programa fue llevarlos a crecer a otro nivel. GRS tiene la ambición de seguir creciendo un aproximado de 30% anual, después de haberlo hecho consecutivamente durante nueve años. "Crecer 30% después de haberlo hecho muchos años requiere cada día gente más talentosa", comentó.

Resultados

Nueve meses después de que Adriana (2020) y sus colegas participaron en el Seminario 3-D, se ha vivido una crisis humanitaria en todo el mundo y:

- Las personas que vivieron el Seminario han tenido la flexibilidad de afrontar esta nueva realidad con efectividad.
- Los seis participantes han sido clave para el manejo de la crisis con : dinamismo, resolución, eliminación de la procrastinación y enfrentar los retos con carácter.
- Se han transformado las conductas individualistas a colaboradoras. Las confrontaciones no satisfacen a las personas, satisfacen lo más conveniente al negocio.

"Definitivamente, estábamos mejor preparados después de vivir el Seminario 3-D; el propio seminario es un pequeño simulacro de lo que uno vive en una crisis" señaló. La experiencia en el Seminario 3-D, le trajo también muchos aprendizajes a nivel personal a Adriana, al ser mucho más consciente y alerta de sus conductas. "La congruencia consiste en tener alineados los sentimientos, los pensamientos y la forma de actuar y esto es algo que se puede descubrir en el Seminario 3-D".

Frente al futuro, Adriana seguirá invirtiendo recursos para poder descongelar a más miembros de GRS a través del Seminario 3-D y *Leadership Acceleration Program*. Ella en lo personal, piensa vivir la experiencia del Seminario Liderazgo para el Futuro 4-D, que utiliza los pilares de la efectividad y un proceso introspectivo para tomar consciencia sobre la búsqueda de tu propia trascendencia.

Una nueva generación de gerentes en Fundidora del Norte.

Fundidora del Norte es una exitosa empresa con medio siglo de experiencia en la distribución de la mejor gama de equipo agrícola y de construcción. Tiene como miras regionalizarse para ser líderes en Centro América y en 2018, contrataron los servicios de Reddin Assessments para incorporar procesos y sistemas gerenciales que detonaran en una cultura de efectividad. "El deseo de crecer regionalmente, requiere de gerentes capaces de enfrentarse a retos mucho más complejos", comentó Gabriel Saybe (2020), CEO de Fundidora del Norte.

El trabajo desde el inicio fue muy ambicioso, buscaban resultados rápido y se inscribieron al Programa Anual de Efectividad, que se estructuró de la siguiente manera:

- Laboratorio de Dirección Estratégica, Alineación y Planeación Gerencial en el que se establecieron prioridades estratégicas y de éste se definió la nueva estructura organizacional. De la nueva estructura, ahora alineada a la estrategia de negocio, se establecieron Áreas de Efectividad, Métodos de Medición, Objetivos y más de 15 integrantes, hicieron una labor muy rigurosa de planeación.

- Se revisaron resultados mensualmente y se implementaron Áreas de Efectividad, Métodos de Medición y Objetivos en un siguiente nivel, que abarcaba aproximadamente 30 posiciones.

Alejandro Serralde

"Adicionalmente, se han descongelado hábitos en la gerencia y se han integrado principios gerenciales en un proceso ambicioso de transformación organizacional, cuyo eje central es la efectividad",[34] comentó Gabriel Saybe (2020), quien envió a 8 participantes al Seminario de Efectividad Gerencial 3-D que se vivió en Antigua, Guatemala en Agosto del 2019. "Para todos ha sido muy revelador lo potente que es el Seminario 3-D, porque aceleró el proceso de transformación".

Resultados

De acuerdo a Gabriel Saybe, posterior a las intervenciones Reddin y al Seminario de Efectividad Gerencial 3-D, estos han sido algunos cambios inmediatos que se han realizado:

1. Se redefinió la estructura organizacional con el objetivo de satisfacer mejor a nuestros clientes y para así poder estar mejor preparados para la regionalización en el futuro.
2. Se implementó un lenguaje nuevo a través de herramientas que facilitan la efectividad.
3. Sistemáticamente hay evaluación del desempeño generado por las herramientas Reddin.
4. Además, ha persistido un espíritu de superación en los miembros del equipo, la colaboración ha sido mucho más eficiente y hay un espíritu de compromiso.
5. Empieza a haber más autonomía en la toma de decisiones a través del proceso OBIWAN.

---

[34] Saybe, Gabriel. Entrevista personal. Abril 2020.

¿Qué sigue para Fundidora del Norte?

"Hemos iniciado un proceso de transformación cultural y a través de las herramientas Reddin queremos lograr ser muy efectivos. Estamos muy entusiasmados y sabemos que es un trabajo de tiempo y seguiremos invirtiendo en nuestra gente y generar masa crítica suficiente para que todos tengan un mismo sistema de entendimiento". Gabriel (2020) seguirá invirtiendo en el desarrollo de sus gerentes y quiere lograr que todos asistan al Seminario de Efectividad Gerencial 3-D y que la gerencia media tenga un horizonte de progreso y puedan acceder a programas de desarrollo gerencial.

Fundidora del Norte por su parte, seguirá utilizando las herramientas Reddin y la metodología de trabajo hasta asegurar que sea parte de las entrañas de la organización. "No dejaremos el enfoque de efectividad, es nuestra forma de operar ahora".

4

Estructura dispara conducta

«Pontificar es algo muy sencillo, ser efectivo es difícil».

W.J. REDDIN

La necesidad de logro constituye un medio para conseguir el reconocimiento, la aprobación y autonomía. El objetivo del logro es ser reconocido y aprobado tanto por los otros como por ti mismo. Este tipo de necesidad consiste en cumplir retos. Cuando los individuos ejecutan algo difícil, obtienen una sensación de satisfacción y viene acompañado por una dosis de dopamina.

A lo largo de los años, hemos vivido en carne propia que cuando sugerimos establecer una relación profesional a través

Alejandro Serralde

de un contrato de efectividad, la gente responde de manera muy positiva. A las personas les gustan las situaciones donde pueden asumir la responsabilidad del resultado y obtener satisfacción personal. Tienden a preocuparse menos sobre lo que las otras personas piensan de ellos. Saben bien cuál es el objetivo y cuándo alcanzarlo. No les gustan las situaciones donde el resultado depende del azar, ya que este debe ser producto de sus habilidades y del esfuerzo. Establecen metas medianamente altas y retadoras para ellos mismos, es decir no son ni imposibles ni fáciles, pero conllevan a una sensación de logro.

Además les gusta y exigen retroalimentación consistente y concreta sobre el desempeño propio. Esto es lo más importante para ellos, ya que necesitan saber qué tan bien o mal lo están haciendo para poder tomar las medidas correctivas pertinentes. La única forma de mejorar es saber el efecto, positivo o negativo, que las acciones causan. En vista de estas características, los individuos con una gran necesidad de logro son las más dispuestos a modificar el comportamiento propio. Harán lo que sea necesario para ser efectivos.

Cuando se desea en una organización iniciar un proceso de transformación, generalmente buscan lograr y nos piden diseñar un programa para crear una cultura de efectividad, misma que diseñamos a medida del cliente. Peter Drucker (1967) manifiesta en su libro *The Effective Executive*, que la efectividad se puede aprender. La efectividad está compuesta de hábitos a través de prácticas complejas.[35] Este tipo de prácticas las desarrollamos a través de un conjunto de programas con el objetivo de crear una cultura de efectividad.

---

[35] Peter Drucker, «The Effective Executive», *Harper Collins*, 1967.

Programas orientados a crear una cultura de efectividad.

Como indica el académico estadounidense Michael Porter: la estrategia consiste en decidir qué no se debe hacer. Nuestros programas inician con la contextualización para posteriormente dar enfoque. Si en algo son peculiares nuestras herramientas y metodología de trabajo, es en la creación de disciplinas para generar: «foco, foco, foco». El éxito de un equipo está estrechamente vinculado al esmero y diligencia.[36]
Esto se refiere a la capacidad de las personas para hacer las cosas bien y con dedicación. Esta actitud trae consigo dos grandes consecuencias positivas: en primer lugar, aquellos que son diligentes y se esmeran, viven más.[37] Segundo, se recuperan con mayor facilidad y más rápido tanto de enfermedades como cirugías mayores.[38] Por ende, enfocarse en hacer bien el trabajo, además de ser más exitoso, crea mayor salud organizacional y la gente puede ser más longeva.

La efectividad la podríamos clasificar en tres: efectividad gerencial -de la cual he hablado previamente- efectividad aparente y efectividad personal.

La efectividad aparente son un conjunto de cualidades, algunas importantes para la tarea, pero posiblemente irrelevantes para el trabajo: puntualidad, contestar correos rápido, tomar decisiones de manera inspiradora o escribir muy bien. La efectividad aparente no lleva a la generación de resultados

---

[36] Barrick, M. R., and Mount, M. K., «The big five personality dimensions and job performance: A meta-analysis», *Personnel Psychology*, volumen 44, 1991.

[37] Schmidt, F. L., and Hunter, J. E., «The validity and utility of selection methods in personnel psychology: Practical and theoretical implications of 85 years of research findings», *Psychological Bulletin*, volumen 124, 1998.

[38] Kamran, F., «Does conscientiousness increase quality of life among renal transplant patients? » *International Journal of Research Studies in Psychology*, vol 3, 2013.

Alejandro Serralde

para mejores condiciones futuras. Por otro lado, las organizaciones están llenas de descripciones de puestos que satisfacen la efectividad personal. La efectividad personal se enfoca en objetivos personales no ligados a objetivos organizacionales, conduce frecuentemente al desarrollo de agendas personales.

Nuestras herramientas y metodologías de trabajo tienen que confrontar los inhibidores de la efectividad. Estos inhibidores W.J. Reddin (1970) los resume en:[39]

- Falta de compromiso
- Poco involucramiento de la gerencia
- Métodos de implementación deficientes.
- Falta de consultores experimentados en la gestión del cambio.
- No existe un sistema de seguimiento.
- Objetivos son impuestos
- Mucho énfasis en la evaluación
- Proceso demasiado mecánico y sin interacción

Todas estas ideas que Reddin géneró hace 50 años, son hoy en día utilizadas por Google, Apple, Intel y cientos de corporaciones exitosas en todo el mundo. Andrew Grove, uno de los más exitosos CEOs de la historia en Intel, desarrolló una metodología derivada de las ideas de Reddin llamadas OKRs (*Objectives Key Results*), y con hechos pudo comprobar lo poderoso que puede ser el trabajo colaborativo con foco y métodos de medición simples. John Doerr (2019), discípulo de Grove, escribió en su libro *Measure What Matters* que

---

[39] W.J. Reddin «Effective Management by Objectives» *McGraw-Hill*, 1970.

Alejandro Serralde

cualquier proceso de transformación hacia resultados clave será exitoso si:[40]

1. Las prioridades clave están alineadas para crear foco.
2. Las prioridades se re-alinean continuamente a los resultados para estimular la flexibilidad.
3. Se debe tener un método que permita dar seguimiento para promover una cultura responsiva.
4. Puede ser útil estimular resultados muy altos constantemente para provocar un nivel de ambición muy alto en todos.

Nosotros coincidimos con los cuatro pasos de Doerr y únicamente agregaremos que el proceso de transformación a través de prioridades, además de ser un proceso estructural y sistémico, es conductual. Requiere de muchos desafíos frente a la naturaleza del ser humano ante el cambio. Por esta razón, en nuestro proceso agregamos un quinto paso, sugerimos la implementación a través de métodos participativos y sin duda como W.J. Reddin (1971) lo escribe en su libro *Effective Management by Objectives* se requiere descongelamiento.[41] Esto último lo hemos podido experimentar en más de 1,000 procesos de transformación.

W.J. Reddin (1988) en su libro *Handbook of Management by Objectives* compara, en su momento, a todas las filosofías de MBO (*Management by Objectives*) contemporáneas, incluidas las propuestas de Chakraborty, Charnock, Drucker, Edwardes, Froissart, Garrett, Hancock, Humble, Koontz, McConkie, Ryan y Odiorne y concluye algo que me ha parecido fascinante:

---

[40] John Doerr «Measure What Matters» *Penguin*, 2019.
[41] W.J. Reddin «Effective Management by Objectives» *McGraw Hill*, 1971.

Alejandro Serralde

"desaprender es algo que debe venir primero que el propio aprendizaje".[42] A continuación, algunos ejemplos de nuestra metodología de implementación.

Implementación de nuestras herramientas gerenciales con métodos participativos.

En los últimos diez años las exigencias del trabajo colaborativo han aumentado en un 50%. Por su parte, los trabajadores del conocimiento dedican 85% del tiempo laboral al correo electrónico, hablar por teléfono y asistir a reuniones.[43] Los requisitos para ser «miembro de equipo» son continuos y constantes, pues hay mucho que hacer. Es un desgaste, ya que, aparte de las demandas del trabajo en equipo, uno debe cumplir con su trabajo. Por esta razón nuestro proceso de implementación es participativo.

El trabajo en equipo, si se cumple, tiene en sí aspectos positivos. Las investigaciones demuestran que los equipos efectivos desarrollan una inteligencia colectiva que tiende a ser mayor al nivel de inteligencia promedio de los miembros de un grupo.[44] La palabra clave en esta oración es «efectivos». Los equipos inefectivos no logran esto, ya que la efectividad se basa en cómo los miembros interactúan y se relacionan unos con otros, y no en el conocimiento.

La comunicación e interacción inciden más en el éxito de este que en el conocimiento individual de cada miembro o incluso

[42] W.J. Reddin «Handbook of Management by Objectives» Tata *McGraw Hill*, 1988.
[43] Cross, R., «Managing collaboration in the workplace effectively», *Babson College Executive Education,* January 2018.
[44] Woolley, A. W., et. al., «Evidence for a collective intelligence factor in the performance of human groups», *Science*, October 2010.

Alejandro Serralde

el del grupo.[45] El intercambio de información es un factor fundamental por tanto nuestras dinámicas son grupales para estimular el pensamiento colectivo.[46]

Nuestro método ayuda a comprender a los otros así como detectar las emociones subyacentes en sus palabras. ¿Se sienten emocionados, molestos, temerosos, tímidos, inseguros, etc.? La sensibilidad social se puede aprender y buscamos gestar estas destrezas.[47] Ser consciente y estar alerta ante los sentimientos de los demás trae grandes beneficios. De acuerdo a estudios realizados, un jefe atento es calificado como más importante que el sueldo.[48] Sugerimos que el trabajo de transformación inicie con una sesión de 3 días con cada equipo, comenzando, de ser posible, con el equipo dirigente. Nuestra experiencia ha sido increíble, hemos impartido más de 1,000 programas en Latinoamérica y nuestra reputación avala el éxito de los mismos.

Es sumamente raro encontrar empleos donde trabajes completamente por tu cuenta. Y, aunque este sea el caso, por lo general debes interactuar y trabajar con otros. El trabajo en equipo o grupal es parte de la vida laboral y su manejo es una gran clave para el éxito.

En su libro *Effective Management by Objectives*, W.J. Reddin (1970) sugiere que las dinámicas para mejorar la efectividad de un grupo requieren del descongelamiento de conductas, hacer un énfasis en el cambio, aceptar el lado humano, focalizarse en

---

[45] Cooke, N. J., et. al., "Interactive team cognition", *Cognitive Science*, volumen 37, 2013.

[46] Mesmer-Magnus, J. R., and DeChurch, L. A., «Information sharing and team performance: A meta-analysis», *Journal of Applied Psychology*, volumen 94, 2009.

[47] Zautra, E. K., et. al., «Can we learn to treat one another better? A test of a social intelligence curriculum», *PMC* publicado en línea el 15 de junio de 2015.

[48] Zipkin, A., «The wisdom of thoughtfulness», *New York Times*, 2000.

el grupo, en su efectividad y en la situación. Para esto, se requiere de la instrumentación y un ambiente controlado.[49]

Algunos inhibidores estructurales:

En el libro Success: Qué hacer y dejar de hacer para ser más exitoso en tu trabajo, que escribí con el Dr. Robin Stuart-Kotze (2019), dedicamos un capítulo entero al tema del estrés y sus disparadores. Hemos tomado de estos dos muy importantes que se mitigan al implementar nuestras herramientas y metodologías de trabajo a través de la labor consultiva que hacemos:[50]

- Falta de control.
- Manejo de la incertidumbre.

Las grandes organizaciones son jerárquicas; por lo tanto, mientras más bajo sea el escalafón donde estés, menos control tendrás y mayores serán los efectos de la presión y el estrés en tu organismo. Esto nos lleva a fomentar reuniones participativas a las que llamamos, Reuniones de Efectividad (RE), con el objetivo de discutir avances de efectividad general y además, con métodos participativos, proveer retroalimentación a las personas.

Con ello buscamos que cada persona refuerce el control que tiene sobre su efectividad y así disminuir este inhibidor. A través de las Reuniones de Efectividad, logramos implementar un método ágil en el manejo de reuniones, para que estas se puedan llevar a todos los niveles. De acuerdo a algunos

---

[49] W.J. Reddin «Effective Management by Objectives», McGraw Hill, 1970.
[50] R. Stuart-Kotze and A. Serralde, «Success: que hacer y dejar de hacer para ser más exitoso en tu trabajo», Ink-it, 2019.

estudios revelados en el libro Success (2019), encontramos que: "la falta de control tiene una incidencia en la depresión, la ansiedad, irritabilidad, tristeza y desesperanza". Quizás la consecuencia más preocupante de la falta de control laboral es el fenómeno de indefensión aprendida. Cuando las personas pierden el control sobre sus propias acciones y no controlan lo que les sucede, se rinden y dejan de esforzarse.

W.J Reddin (1972) en su libro *The Money Book*, hace una lista de decisiones financieras comunes, las cuales una persona cualquiera tiene que tomar. Y así, ayudarles a tener mayor control sobre sus vidas, dado que a través de hechos y datos uno puede ser más efectivo al tomar decisiones. Dice: "la información es poder y los hechos te permiten ser mucho menos irracional".[51]

En la experiencia que he ido desarrollando al trabajar con fondos de inversión, he encontrando que a falta de estructura y control en el proceso de toma de decisiones, continuamente los inversionistas se equivocan. Si los inversionistas además pertenecen a un grupo familiar, se pelean con la familia y terminan perdiendo dinero y perdiendo a sus seres queridos.

¿Cómo agregamos estructura a equipos?

Para mitigar la falta de control en sistemas humanos, nuestra experiencia dicta que es altamente requerido tener intervenciones sistemáticas con un equipo. A este conjunto de intervenciones nosotros les llamamos el Programa Anual de Efectividad, que incluye un conjunto de intervenciones y

---

[51] W.J. Reddin «The Money Book» *Pagurian Press*, 1972.

Alejandro Serralde

reuniones diseñadas a la medida del cliente. Asegurándonos siempre de cubrir en la agenda tópicos como:

- ¿Estamos todos alineados con la estrategia del negocio?
- ¿La estrategia está soportada por la estructura adecuada?
- Cada posición cuenta con Áreas de Efectividad, Métodos de Medición y con una planificación gerencial.
- ¿Cada posición tiene los grados de autoridad necesaria para ejecutar con autonomía?
- ¿Cuál es el liderazgo necesario en los próximos doce meses?
- ¿Hemos ido eliminando reuniones que no agregan valor?
- ¿Qué tan congelados estamos este año como equipo y como organización?

Las sesiones tienen medios de entrega diferentes. Sugerimos una sesión inicial de 3 días, seguida de sesiones de seguimiento, desaprendizaje de malos hábitos e incorporación de prácticas que traigan valor al sistema.

El segundo gran inhibidor de la efectividad es la incertidumbre. Mientras mayores sean los niveles de incertidumbre más aumentan los niveles de estrés y existe la posibilidad de cometer algunos errores. Es importante poner las cosas en perspectiva. Es muy fácil engancharse con algo que no es fundamental. Muchos de los inhibidores que padecemos son generados por nosotros mismos.

Para reducir la incertidumbre, nuestro Programa Anual de

Efectividad viene acompañado de sesiones de 1 día con cada equipo. En cada revisión se realiza lo siguiente:

- Evaluación de niveles de efectividad de cada persona, lo cual permite contextualizar y no alarmarse sin información.
- Se comparte información clave y se identifican las causas del conflicto.
- Se evalúan las estrategias de cada persona con guía consultiva y un método colaborativo.
- Se aplauden los logros.

Tener un Programa Anual de Efectividad compuesto de sesiones de este tipo ayuda además a elevar el nivel de salud organizacional por las siguientes razones:

- Existe una fuerte correlación entre el apoyo social y la buena salud.[52][53]

- El apoyo colaborativo alivia el estrés, regula la insulina, fortalece el sistema inmunológico y activa la segregación de hormonas que reducen los niveles de estrés.[54]

- El apoyo colaborativo también tiene una correlación positiva con tasas más bajas de cáncer.[55]

---

[52] Broadhead, W. E., et. al., «The epidemiological evidence for a relationship between social support and health», *American Journal of Epidemiology*, volumen 117, 1983.
[53] Belanger, et. al., «Sources of support associated with health and quality of life: A cross-sectional study among Canadian and Latin American older adults», *BMJ Open*, volumen 6, 2016.
[54] «The health benefits of strong relationships», *Harvard Health Publishing*, Harvard Medical School, diciembre de 2010.
[55] Uchino, B. N., «Social support and health: A review of physiological processes potentially underlying risks to disease outcomes», *Journal of Behavioral Medicine*, volumen 4, 2006.

Alejandro Serralde

- Si actúas de manera positiva, impactarás a los miembros del equipo positivamente. Por consiguiente, la productividad aumentará. Si por el contrario, actúas negativamente, entonces contagiarás esta actitud a los otros y la productividad del equipo decaerá.[56]

- La presencia de un miembro con actitud negativa constante disminuye el desempeño del equipo de 30% a 40%.[57]

El intercambio de información es otro factor fundamental y la forma en cómo se comparte es vital. Los investigadores evaluaron a 699 personas de diferentes grupos en diversas tareas de naturaleza cooperativa. Encontraron que el trato entre los individuos era un componente básico en la efectividad. En los equipos de alto desempeño, las contribuciones de cada miembro eran relativamente iguales —cada quien habló en proporciones similares en lugar de tener solo uno o dos interlocutores—. En conclusión: evitar monopolizar las conversaciones es clave si deseas ser un miembro efectivo del equipo.

---

[56] Barsade, S. G., «The Ripple Effect: Emotional Contagion and its Influence on Group Behaviour», *Administrative Science Quarterly*, volumen 47, 2002.
[57] Felps, W., Mitchell, T., and Byington, E., «How, when, and why bad apples spoilt the barrel: Negative group members and dysfunctional groups», *Research in Organizational Behavior*, volumen 27, 2006.

Alejandro Serralde

La estructura dispara la conducta

A partir de nuestras sesiones de trabajo, con clientes, buscamos establecer algunas reglas de operación que disparan conductas. Según investigaciones realizadas, estas conductas son orientadas a la efectividad:

1. Establecemos objetivos para crear un compromiso común en cuanto a lo que se debe hacer.[58]
2. Nos aseguramos de tratar a las personas con respeto y que esto persista en el equipo, no hay cabida para gritos.[59]
3. Trabajamos para buscar soluciones de conflictos donde todos ganen, principalmente objetividad sobre su realidad. [60][61]
4. Estimulamos que las personas expresen sus opiniones de una manera franca y abierta, sin juzgar.[62]
5. Hacemos responsables a las personas por sus compromisos.[63]

[58] Vogel, A. L., et.al., «Pioneering the transdisciplinary team science approach: Lessons learned from National Cancer Institute grantees», *Journal of Translational Medicine & Epidemiology*, volumen 2, 2014.

[59] Qiu, T., et. al., «Performance of Cross-Functional Development Teams; A Multi-Level Mediated Model», *Journal of Product Innovation Management*, volumen 26, 2009.

[60] deWit, F. R., Greer, L. L., and K.A. Jehn, K. A., «The paradox of intergroup conflict: A meta analysis», *Journal of Applied Psychology*, volumen 97, 2012.

[61] M. A. Marks, M.A., Mathieu, J.E., and Zaccaro, S. J., «A temporally based framework and taxonomy of team processes», *Academy of Management Review*, volumen 26, 2001.

[62] Edmondson, A. C., «Psychological safety and learning behavior in work teams», *Administrative Science Quarterly*, volumen 44, 1999.

[63] Pritchard, R. D., et. al., «The productivity measurement and enhancement system: A meta-analysis», *Journal of Applied Psychology*, volumen 93, 2008.

Alejandro Serralde

6. Estimulamos que continuamente exista un proceso de retroalimentación abierta.[64]
7. Se promueve la participación y contribución de todos.[65]
8. Se establecen prioridades claras.[66]

Si bien los equipos humanos deberían mostrar estos comportamientos siempre, en ocasiones es necesaria la ayuda de un externo para diseñar aquellas normas de operación y lograr que esto ocurra.

Jeffrey Pfeffer (2015), uno de los profesores más reconocidos de la Universidad de Stanford, escribió en su libro *Leadership BS* que para mejorar el liderazgo de los sistemas humanos es necesario establecer normas de operación:[67]

- Medir a las personas y responsabilizarse por los resultados.
- Reconocer las diferencias.
- Utilizar método probado.

Todo lo anterior forma parte de nuestras intervenciones de trabajo. Estas son diseñadas con propósitos específicos. Nuestros clientes más exitosos han sido aquellos que han tenido estas prácticas de trabajo con la ayuda reseñada.

Frecuentemente nos solicitan, a través de nuestras intervenciones, cuestionar las 5 preguntas clave que Peter

---

[64] Losada, M., and Heaphy, E., «The Role of Positivity and Connectivity in the Performance of Business Teams: A Nonlinear Dynamics Model», *American Behavioural Scientist*, volumen 47, 2004.
[65] Harris, A., «Distributed Leadership: According to the Evidence», *Journal of Educational Administration*, volumen 46, 2008.
[66] Katzenbach and Smith, 1993.
[67] Jeffrey Pfeffer, «Leadership BS», *Harper Collins*, 2015.

Alejandro Serralde

Drucker (2008) sugiere para mejorar continuamente la efectividad:[68]

1. ¿Cuál es nuestra misión?
2. ¿Quiénes son ahora nuestros clientes?
3. ¿Qué llegan a valorar ahora nuestros clientes?
4. ¿Qué resultados se esperan?
5. ¿Cuáles son los planes?

Cuando estas preguntas son trabajadas por grupos humanos, y las respuestas son consensuadas, la alineación está dada. Conseguir contestarlas una vez, no es tan difícil. Los resultados se consiguen, según Jim Collins (2001) de *Good to Great,* a través de una cultura de disciplina, [69] motor central de nuestro modelo.

---

[68] Peter Drucker, «The Five Most Important Questions You Will Ever Ask About Your Organizations», *Jossey Bass*, 2008.
[69] Jim Collins, «Good to Great», *Harper Collins*, 2001.

Alejandro Serralde

Recetas SMaC para crear disciplina.

Las recetas SMaC simbolizan prácticas de trabajo que son específicas (*Specific*), metódicas (*Methodic*), y (*and*) consistentes (*Consistent*). Es un concepto que permite agregar una receta para operativizar los conceptos estratégicos. Este enfoque lo inventó también Jim Collins (2011). Más información sobre SMaC la pueden encontrar en su libro *Great by Choice,* uno de los mejores libros vendidos, según New York Times. "Las tácticas pueden cambiar de situación en situación, mientras que las prácticas SMaC pueden ser aplicadas para toda la vida".[70]

Estas recetas SMaC, o prácticas replicables y consistentes, pueden dar guía, estandarizar y organizar esfuerzos frente al qué hacer y qué no hacer. Empresas que han podido incursionar en estas prácticas han crecido más de 10 veces, como lo ilustra el libro *Great by Choice.*

---

[70] Jim Collins, «Great by Choice», *Harper Collins*, 2011.

La disciplina de Finec *Asset Management.*

Finec *Asset Management* es una firma de asesores de inversión independientes, que brinda soluciones integrales patrimoniales en Estados Unidos, México y Panamá. Es una de las cuatro firmas más importantes en toda Latinoamérica. Jesús Mateos, *Chief Operating Officer* de la firma, llegó para ayudar a profesionalizar la firma después de 25 años, desde que fue fundada por René Toussaint, un exitoso banquero, a quien muchos consideran un oráculo.

Los primeros pasos de Jesús fueron profesionalizar el área de Recursos Humanos, empezando por la selección de personal, con el objetivo de crecer el negocio con profesionales competentes que cubrieran roles muy bien definidos. "Para responder al crecimiento, la firma tenía muchas vacantes y me tuve que asegurar que las personas que llegan a la firma, pudieran crecer con nosotros",[71] comenta Jesús.

Los primeros pasos

"Nuestra firma, en sus inicios, era comandada por una sola persona, misma que por su arrojo, tenacidad, conocimiento de los mercados y verticalidad, en ocasiones creaba mucha dependencia en la toma de decisiones" añade Jesús.

Jesús (2020) se dio a la tarea de contratar una persona muy competente en Recursos Humanos: Fátima Alvarado, quien había trabajado con Reddin Assessments en el pasado y había

---

[71] Mateos, Jesús. Entrevista personal. Abril 2020.

obtenido extraordinarios resultados. Al escuchar sobre las necesidades del negocio, no dudó en ningún momento, que si se quería institucionalizar la operación gerencial, se debía optar por un modelo gerencial y provocar un cambio de consciencia en la gente, comenta Fátima .[72]

Se llevó a cabo un *Team Effectiveness Laboratory* (TEL), una sesión de 3 días en la que se pudo:

- Dialogar sobre la estrategia de la firma hasta tener una visión común de la dirección de la misma.
- Se nivelaron las responsabilidades para equilibrar la generación de resultados y descentralizar la toma de decisiones.
- Se establecieron prioridades estratégicas, mismas que quedaron diluidas en un equipo (y no solo en una persona).
- Se crearon las condiciones para que los asesores de inversión pudieran aplicar las herramientas gerenciales Reddin y fueran efectivos.

---

[72] Alvarado, Fátima. Entrevista personal. Noviembre 2019.

Alejandro Serralde

Resultados

"Uno sabe que tiene que lograr resultados, pero muchas veces, no conoce el proceso para llegar a ellos",[73] comenta Jean Paul Ellison, un experimentado asesor, quien ha hecho su carrera en Finec. Las sesión inicial del *Team Effectiveness Laboratory* (TEL) vino acompañada de sesiones de continuidad tipo, *pulse-check, meetings* con el objetivo de:

- Llevar las herramientas Reddin a la operación y a la mejora continua.
- Provocar una cultura de medición, semejante a lo que ocurre en los mercados..
- Hacer ajustes a las estrategias para asegurar el éxito de cada una de ellas.
- Aumentar la comunicación en el equipo al máximo, teniendo un sistema de gestión con transparencia absoluta.
- Abrir el diálogo entre los miembros del equipo para poder dar retroalimentación y recibirla con apertura y con el objetivo de mejorar.

Una genialidad del CEO Rene Toussaint en este proceso de transformación organizacional, fue no ligar los índices de efectividad a la compensación de cada integrante del equipo. Uno podría imaginar que esto hace mucho sentido y mientras más efectiva es una persona, mejoran sus condiciones variables; no obstante, si la metodología permite a los colaboradores plantear sus propios objetivos, entonces

---

[73] Ellison, Jean Paul. Entrevista personal. Abril 2020.

Alejandro Serralde

eventualmente esto los llevará a limitar su grado de aspiración.

La efectividad por tanto, se utiliza como un vehículo de diálogo para la mejora de un equipo, no como una guía para fijar parámetros de compensación. Finec *Asset Management* seguirá utilizando las herramientas Reddin en su proceso de gestión.

Además de tener sesiones de continuidad para proseguir en el proceso de mejora continua gerencial, algunas personas del equipo de Rene Toussaint, participarán en el Seminario de Efectividad Gerencial 3-D para fortalecer el poder gerencial. La organización seguirá creciendo y requerirá de más herramientas que faciliten la ejecución, la flexibilidad de la conducta y la efectividad dirigiendo equipos humanos.

Una empresa Americana con cultura Japonesa logran hablar el mismo idioma: Fukuvi.

Fukuvi es una empresa de origen Japonés especializada en la extrusión de plástico para productos de construcción y además en la producción de productos derivados del plástico. Fue fundada en Japón en 1953 y es sinónimo de calidad. En Estados Unidos tienen la misión de manufacturar productos especializados a través de soluciones hechas a la medida. Es una empresa en la que predominan dos culturas, la americana y la japonesa y requerían de un lenguaje común, la efectividad.

Reddin Assessments diseñó un conjunto de intervenciones personalizadas, con el objetivo de sensibilizar a los integrantes del equipo gerencial sobre el estilo de liderazgo, a través de una sesión llamada *Leadership Improvement Masterclass:*

- Se identificaron las características de cada uno de los miembros del grupo y de las conductas predominantes del equipo que inhiben la efectividad.
- Se evaluaron a través de una encuesta de orientación a la efectividad, en qué áreas coincidía el criterio del grupo que existía un problema. Con esto, el grupo se pudo sensibilizar y acordar en qué áreas había que trabajar.

Adicionalmente se incorporó todo el *suite* de herramientas con la que cuenta la plataforma de diagnósticos y se empezó a utilizar en el área de selección.

Se dió seguimiento al equipo gerencial sobre los compromisos que habían acordado para mejorar la colaboración entre el equipo. Mónica Mondragón, Directora de Recursos Humanos hizo un extraordinario trabajo de coordinación y seguimiento. Ella tenía mucha experiencia aplicando diagnósticos y elaborando planes de mejora. Las había aplicado en American Standard, en donde había trabajado años atrás participando en varios entrenamientos Reddin. Por lo tanto, sabía perfectamente lo que hacía. El conocimiento de Mónica y su experticia en las herramientas Reddin permitieron rápidamente ganarse la confianza del Presidente, Aki Masunaga.

Fukuvi venía de haber vivido una situación de muchas complicaciones después de la crisis de 2008; le tomó varios años recuperar el *momentum* previo al colapso de la economía americana. Estaban listos para dar un salto cuántico y optaron por un programa que diseñamos llamado *Organizational Effectiveness Program* (OEP), que contenía una intervención inicial de 3 días, seguidos de sesiones de dos días para dar continuidad a los acuerdos y estar continuamente alineados frente a las prioridades. Las reuniones de seguimiento contenían sesiones de desarrollo para: mejorar la capacidad de percepción, adoptar prácticas para comunicarse efectivamente y manejar mejor sus reuniones de trabajo.

A través de todo este programa se logró lo siguiente:

- Acordar cuáles serían las prioridades estratégicas en los próximos 3 años y así crear un sistema de trabajo que permitiera operativizarlas.
- Fijar objetivos de cada integrante del grupo frente a la estrategia de Fukuvi.

- Instalar un proceso de evaluación del desempeño individual y del equipo.
- Establecer un idioma que permitiera el entendimiento entre los equipos: la efectividad.

Con esto último, se eliminó una barrera que existía entre japoneses y americanos. De acuerdo con Mónica (2020): "la empresa se fue profesionalizando y los resultados tenían muy contento al Presidente de la compañía".[74] Aki Masunaga reportó todos los avances a Japón y recibió muy buena retroalimentación.

Chris Addeo, Vicepresidente de Manufactura participó en el Seminario de Efectividad Gerencial 3-D y lo recuerda como una experiencia única. "Una filosofía de trabajo que tiene un resultado inmediato en tu efectividad" comentó Chris. Su entusiasmo fue tal que aplicó todas las herramientas de efectividad en sus 3 turnos de producción. Todos los operarios tenían Áreas de Efectividad, Métodos de Medición y Objetivos diarios. La cultura de efectividad Reddin se alineó perfectamente con los principios *Lean*.

---

[74] Mondragón, Mónica. Entrevista personal. Abril 2020.

Estar listos para la adquisición de Warren Buffett.

Duracell es una de las empresas productoras de baterías más importantes del mundo, con ingresos anuales superiores a los $2.0 billones de dólares. A lo largo de la historia, Duracell ha pasado por varios dueños, incluidos *The Gillette Company*, Procter & Gamble y en 2016 fue adquirida por Berkshire Hathaway, la empresa de oráculo de Omaha, Warren Buffett.

Previo a la adquisición, Lionel Moss (2016), uno de los más destacados *Plant Managers* de Duracell con más de 11 años de experiencia, necesitaba estar listo para la siguiente adquisición. "Necesitamos salir de una cultura global de P&G y estar preparados para la cultura de Warren Buffett",[75] me expresó Lionel la primera vez que hablé con él.

Para ello, diseñamos una intervención llamada, *Effective Management by Objectives Workshop* (EMBOW) con el objetivo de:

- Elaborar un análisis FODA (Fortalezas, Oportunidades, Debilidades, Amenazas) para acordar el estado presente de la compañía y derivar cuáles serían las prioridades a resolver previo a la adquisición.
- Adoptar un sistema a base de Áreas de Efectividad y Métodos de Medición que derivaran en un promedio de 8 a 10 objetivos por persona. La cultura de P&G permitía tener hasta 40 objetivos por persona y esto era, a los ojos de Lionel, inmanejable.

---

[75] Moss, Lionel. Entrevista personal. Octubre 2016.

Alejandro Serralde

- Proveer un método de planeación gerencial previo a la adquisición que permitiera al equipo vivir el cambio de una manera mucho más planificada.
- Concientizar a los participantes sobre el liderazgo de cada persona y el liderazgo del grupo frente a la adquisición.

De todas las metodologías y herramientas posibles Lionel (2016) eligió el método de evaluación (*assessment*) de Reddin. "En P&G tenemos acceso a muchas herramientas, no obstante tuve la fortuna de haber trabajado en la planta de Bélgica y fueron las herramientas Reddin las que me llevaron a lograr grandes cosas". Lionel recogió mucha información del reporte conductual del equipo, después de que cada participante contestó el Diagnóstico de la Efectividad Gerencial (DEG) y se elaboraron las Estadísticas del Equipo de Lionel.

Un par de años después de la adquisición, Lionel en una llamada me comentó: "haber simplificado el proceso de fijación de objetivos y bajar de 40 objetivos individuales a 8, nos permite focalizarnos en lo que realmente era importante". Comentó adicionalmente que: "la cultura de Berkshire Hathaway está orientada a resultados de corto plazo, la efectividad es un imperativo".

Alejandro Serralde

5

Herramientas orientadas a crear una cultura de efectividad en la era digital

---

«El futuro de un gerente es la extensión de su pasado».

W.J Reddin

Como ya lo hemos mencionado previamente la teoría, modelo e ideas de W.J. Reddin se han aplicado en el campo de herramientas digitales, mismas que incorporamos en una plataforma que funciona en línea. Además de las herramientas proveemos una metodología de aplicación probada por

Alejandro Serralde

muchos años. Esta es una manera muy fácil de incorporar las ideas de Reddin, pues a través de los diagnósticos en línea, equipos de trabajo pueden iniciar un proceso de transformación.

Herramientas para mantener el liderazgo efectivo en las organizaciones.

Las herramientas que componen el liderazgo efectivo pueden usarse para tomar decisiones sobre la forma de aprovechar y rentabilizar mejor el talento humano en una organización, para diversos propósitos. Por ejemplo, seleccionar talento nuevo, desarrollo de talento, acciones con su grupo natural para mejorar el nivel de logro de resultados, entre otros.

Cada una de estas aplicaciones específicas las denominamos soluciones aplicativas que son programas operados por personas de la empresa contratante, quienes van adquiriendo las destrezas necesarias a través de un proceso de transferencia tecnológica, que se componen por entrenamientos, *webinars*, así como por un equipo de soporte.

Hasta el momento se han desarrollado aplicaciones orientadas a tres grupos de la organización:

- Diagnósticos utilizados para procesos de selección.
- Diagnósticos utilizados para procesos de desarrollo.
- Encuestas utilizadas para procesos de retención, acompañadas de herramientas para poder alinear los estados deseados de la conducta frente al estado real y con ello poder obtener una brecha en la cual trabajar.

Introducción a los diagnósticos.

Muchos equipos de selección suelen trabajar con pruebas psicométricas que miden las preferencias de las personas. Esto resulta fácil de comprender, pues proporcionan una indicación sobre el rango de conductas que describen el funcionamiento de la persona al trabajar en un entorno cómodo.

Nadie puede esperar pasar por la vida y el trabajo comportándose únicamente de acuerdo a un rango justo y definido, complaciendo completamente sólo unas pocas preferencias conductuales. El trabajo conlleva al conflicto, posiblemente a estados de infelicidad y a una gran probabilidad de fracaso.

Han existido infinidad de clientes que evalúan la personalidad de sus candidatos para conocer el estado ideal de sus preferencias. Y utilizan nuestras herramientas para conocer cómo sus acciones (comportamientos) tienen un impacto en la efectividad y con ello obtener información complementaria. Nosotros sugerimos elaborar un perfil de los comportamientos esperados del puesto y contrastarlo frente a los comportamientos expresados por la persona. La ventaja de esto, es que además, la persona seleccionada, tendrá un camino de acciones que realizar para ser más efectiva.

Si una persona disfruta haciendo algo, tiende a seguir haciéndolo y tiende a mejorar al respecto. En otras palabras, su desempeño mejora. Si alguien tiene que hacer cosas que no disfruta, tiende a hacer menos y el nivel de su desempeño disminuye (*Ley del Efecto* de Thorndike). El profesor Ed Schein de la MIT Sloan School of Management habla sobre esto en lo que él denomina como Anclas de Carrera.[76] Define a un ancla de carrera como "la combinación de áreas percibidas de competencias, motivos y valores a los cuales usted no renunciaría". Las anclas de carrera están vinculadas al auto-concepto, el sentido de quién y qué somos, la razón del "yo". Y como tal, son manifestaciones de la personalidad. En términos del trabajo, son aquellas cosas que definen a la persona, a sus preferencias más sólidas, a las cuales está menos dispuesto a renunciar.

En una investigación del Dr. Robin Stuart-Kotze sobre la efectividad de varios cientos de gerentes de una multinacional, durante un periodo de tres años, todos ellos fueron evaluados, durante medio día, mediante pruebas psicométricas y proporcionaron toda la información sobre sus trabajos: funciones, nivel, historial laboral, etc. Se monitorearon quiénes fueron promovidos, quiénes no y quiénes se fueron (por renuncia o despido). Se pudo cuantificar los datos para crear un algoritmo que predijera con más de 85% de precisión quién sería promovido y quién no.

El aspecto interesante fue, que las características de la personalidad representaron casi nada de la varianza. Los principales indicadores de predicción fueron los factores situacionales y la habilidad de los individuos para adaptar su conducta adecuadamente.[77] Los seres humanos vivimos en una era de cambios situacionales rápidos y continuos. Los requisitos de su trabajo nunca permanecerán estáticos. Entonces, continuar comportándose únicamente de acuerdo a sus preferencias de personalidad, podrá poner en riesgo su

---

[76] Edgar H. Schein, *Career Anchors: Discovering Your Real Values*, Pfeiffer & Co, 1990.
[77] Stuart-Kotze,R. *Job Type as an Intervening Variable in the Prediction of Managerial Success, Using Measures of Cognitive Abilities, Personality, and Self-Perceived Leadership Style*, University of Warwick, 1981.

Alejandro Serralde

proceso de selección.

Desafortunadamente, como comenta el neurocientífico Dean Burnett: "el uso más preocupante de la gran difusión de las pruebas de personalidad, ocurre en el mundo corporativo". Lamentablemente, son aplicadas bajo lo que él describe como: "tipos no científicos, que no saben lo que hacen y quedan atrapados por las expectativas".[78]

Si pretenden utilizar los inventarios de la personalidad, o se le ha pedido, o tuvo que tomar uno, asegúrese de investigar un poco y buscar el nivel de validez del inventario. La "validez" se refiere al nivel sobre el cual el instrumento mide lo que dice que mide. En otras palabras, ¿pueden confiar en los resultados? Una prueba es válida si predice resultados que tienen importancia. Las pruebas de revistas populares o periódicos sensacionalistas que pretenden hacer cosas tales como medir su atractivo sexual no tienen validez. La mayoría de los inventarios, más ampliamente utilizados, tienen poca o ninguna validez.

El segundo aspecto a considerar es la confiabilidad. La frecuentemente referida prueba de confiabilidad, es la medición sobre los mismos resultados al tomar de nuevo la prueba. Si usted continúa obteniendo resultados diferentes, es algo que se debe tomar en cuenta. Adam Grant, un psicólogo organizacional y profesor de la Universidad de Pensilvania, apunta hacia la prueba de personalidad más comúnmente utilizada: el indicador MBTI de tipos psicológicos de Myers-Briggs, y establece que es "tan útil como un polígrafo

---

[78] Dean Burnett, 2016.

detectando mentiras".[79]

El eminente neurocientífico Dean Burnett, a quien citamos anteriormente, dice: "El indicador MBTI no está respaldado o aprobado por la comunidad científica... se encuentra basado en viejas suposiciones de hace décadas no sometidas a prueba, las cuales han sido compiladas por un grupo de inexpertos apasionados que trabajan a partir de una sola fuente... Ahora tiene centenares de miles de defensores que le juran fidelidad. También así funcionan los horóscopos."

Si quieren utilizar una prueba de personalidad, de buena validez, considere la que nosotros creemos que es la más accesible —es decir, la más válida y confiable: *La prueba Wave*, diseñada por el Peter Saville, fundador de SHL que más adelante fue vendida a Willis Tower Watson.

Si quiere optar por pruebas que no miden lo que la persona es, sino más bien se enfocan en lo que las personas hacen, pueden optar por el *suite* de herramientas Reddin. Del portafolio de auto-evaluaciones se desprenden: Diagnóstico de Efectividad Gerencial (DEG), Diagnóstico de Efectividad en Ventas (DEV) y Diagnóstico de la Efectividad Operativa (DEOP). Mismos que fueron diseñados como complemento de la Teoría 3-D y los cuales tienen altos estándares de confiabilidad y validez.

W.J. Reddin desarrolló estas herramientas en 1983, fueron parte de la tesis doctoral y fueron sometidas a procesos de confiabilidad y validez de las cuales hablaremos más adelante. La Dra. Luz María Cruz Martínez en 2016, publicó un artículo actualizando las correlaciones de confiabilidad y validez y los

---

[79] Murray, J. B., "Review of research on the Myers-Briggs type indicator", *Perceptual and Motor Skills*, volumen 70, 1990.

Alejandro Serralde

resultados fueron sorprendentes pues no habían cambiado nada desde su creación original, habiendo pasados 33 años.[80]

Diagnósticos para selección.

Dado que el éxito y la efectividad dependen de las acciones (comportamiento) y no de la personalidad (lo que eres), durante muchos años nuestros clientes han utilizando los instrumentos Diagnóstico de Efectividad Gerencial (DEG), Diagnóstico de Efectividad en Ventas (DEV) y Diagnóstico de Efectividad Operativa o Administrativa (DEOP) para propósitos de selección y con ello evaluar a las personas:

- DEG utilizado frecuentemente para personas que tienen gente a su cargo. También para personas que tienen un rol gerencial aunque no tengan gente a su cargo.
- DEV para personas cuyo rol es principalmente vender y no guiar el esfuerzo de otros vendedores.
- DEOP para personas que no tienen contribuyentes individuales y que ocupan una posición de soporte, operaciones o cargos administrativos.

De este análisis podemos obtener la siguiente información de la persona: grado de preferencia frente a la orientación; procesos establecidos, el desarrollo de la persona, la dirección de tareas y la colaboración.

---

[80] Cruz-Martínez, L.M et al., "Psychometric analysis of Reddin Managerial Effectiveness Diagnosis", *National Autonomous University of Mexico*, 2016.

Adicionalmente al evaluar el tipo de conductas expresadas frente a situaciones desconocidas, se evalúa también:

1. Grado de efectividad conductual que tiene la persona frente a su situación presente, resumiendo la cantidad de conductas que utiliza para influir en su situación presente.
2. Evalúa el grado de resistencia frente al cambio causado por la propia rigidez de la conducta o la facilidad para cambiar sin efectividad, provocando un estado de deriva.
3. El repertorio de comportamientos expresados en estilos que generan efectividad y aquellos que inhiben la efectividad por su grado de percentil.
4. La vulnerabilidad de la persona frente a las tareas, a las relaciones y además se identifica otro tipo de vulnerabilidad posible frente a la interacción con otras personas.
5. La efectividad con la que la persona responde ante la presión.
6. El soporte requerido de la estructura para contar con la autonomía suficiente para ser efectiva.
7. Requerimientos motivacionales como: status, relacionamiento con personas de un tipo en especial, etc.

Para este proceso la persona tiene que contestar un *test* que toma aproximadamente 40 minutos y los resultados son administrados por una plataforma. El reporte generado describe con objetividad la conducta de la persona (con toda crudeza). Para aquellas personas que no son lectoras asiduas, o simplemente tienen que evaluar decenas de casos, o hasta cientos por día, la plataforma permite descargar un reporte resumiendo las características más importantes. Adicionalmente, para selecciones masivas, la plataforma permite contrastar grandes volúmenes de personas frente a estos 7 atributos.

Diagnósticos para selección midiendo a la persona frente a los requerimientos del puesto.

Hay quienes desean simplificar el proceso de alineación de la persona y contrastarlo frente a los requerimientos del puesto. Esta es, en nuestra opinión, la manera más efectiva de seleccionar; porque (1) permite evaluar a la persona utilizando el Diagnóstico de Efectividad (Gerencial, de Ventas u Operativa) y (2) teniendo las demandas del puesto definidas, contrastar su capacidad de respuesta. Para llevar a cabo este proceso, además de realizarse una autoevaluación, una persona dentro de la organización elabora el Perfil de Requerimientos (Gerenciales, Ventas o Administrativos) dependiendo de la posición.

Medio Siglo de Efectividad Gerencial

Para llevar a cabo este ejercicio se contesta un test en el que la persona distribuye un puntaje frente al puesto. Este proceso llega a tomar un promedio de 10 minutos. Con ello, las demandas comportamentales (o de liderazgo) esperadas por el puesto, quedan definidas, y entonces a través de la plataforma se puede contrastar a la persona frente a la posición como lo muestra la siguiente figura en la que se describe a una persona que encaja con la posición (izquierda) y otra que no encaja frente a la posición (derecha):

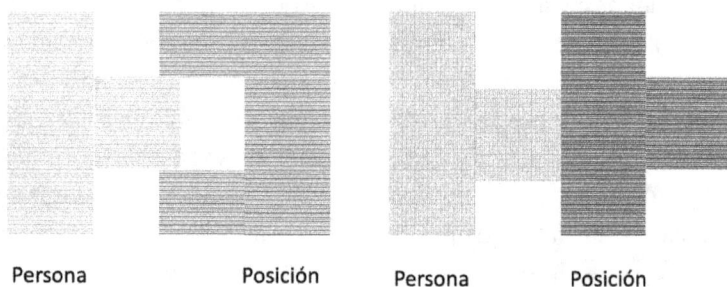

Persona   Posición   Persona   Posición

La alta efectividad se puede pronosticar si (figura izquierda):

A) La persona tiene un nivel de resistencia al cambio muy bajo y se puede adaptar fácilmente a sus requerimientos,esta información proviene de su auto-evaluación.

B) La persona encaja perfectamente bien en las demandas o requerimientos conductuales de la posición. Esto se puede ver en la figura del lado izquierdo.

104

Alejandro Serralde

Medio Siglo de Efectividad Gerencial

La baja efectividad se puede pronosticar si (figura derecha):

C) La persona tiene un nivel muy alto de resistencia al cambio o puede cambiar pero lo hace con poca destreza, provocando un estado de deriva.
D) La persona no encaja con los requerimientos de la posición.

En una ocasión, una empresa nos pidió evaluar un cargo de Gerente de Tecnología, frente a las responsabilidades conductuales de este puesto, se requería lo siguiente:

- Estimular al máximo las destrezas de los reportes directos.
- Generar nuevas destrezas para enfrentar el futuro.
- Delegar en sus colaboradores sus métodos de trabajo.
- Acontecimientos no programados en los que el Gerente supiera dar dirección.
- Conocimiento gerencial que les permitiera actuar con iniciativa y ayudar a los asociados a organizar sus actividades.

Sabíamos, además, que sus asociados requerían:

- Ser escuchados continuamente para desarrollar el método creativo.
- Solicitaron al Gerente tomará iniciativas para promover la organización porque a veces los asociados se perdían un poco y no sabían establecer prioridades.
- Deseaban que el Gerente confiara plenamente en ellos.

Alejandro Serralde

- Pedían al Gerente ser empático, carismático a la hora de animarlos, puesto que trabajar aisladamente, llegaba a tener monotonía.

Al escuchar las demandas del puesto, rápidamente pudimos contestar el Perfil y esto nos permitió contar con un conjunto de demandas de tipo: Desarrollo y de Toma de iniciativa.

Tal como lo expresa el Dr. Robin Stuart-Kotze (2009) en su libro Performance, un desempeño exitoso ocurre cuando la persona cubre perfectamente estas demandas.[81] En la selección de candidatos encontramos:

A- Una persona: que sabía dar seguimiento a las políticas empresariales, seguir métodos de medición; con capacidad para dar seguimiento continuo a estándares de calidad.

B- Una persona: que sabía interactuar grupalmente, estimular el consenso, trabajar en procesos interdependientes y motivar muy bien a la gente.

C- Una persona: que sabía dirigir y escuchar, tenía experiencia gerenciando personas, con iniciativa para estimular en sus colaboradores la creatividad, poseedora de carácter para enfrentar la adversidad y simpatía para poder leer muy bien a la gente.

---

[81] R. Stuart-Kotze, «Performance», *Prentice Hall*, 2009

Alejandro Serralde

Todos estos atributos fuimos capaces de verlos a través del diagnóstico, y gracias al algoritmo de alineación persona frente al puesto, pudimos rápidamente elegir por la persona C. Es importante mencionar que no fuimos capaces de ver todos estos atributos durante la entrevista (hubiese sido un error guiarnos por nuestra corazonada). La persona con mayor destreza fue B y con quien mejor tuvimos simpatía. Claramente fue capaz de encontrar nuestra necesidad y supo integrarse muy bien a ella.

El cliente aceptó nuestra recomendación con algunas dudas al principio, pues fue partícipe de las entrevistas. Para su suerte, el proceso contaba con analíticas, evidencias y más de 50 años de experiencia de nuestra parte. Los resultados fueron muy favorables en los siguientes 6 meses de la contratación:

- Los asociados aumentaron su productividad rápidamente.
- El equipo ganó las destrezas necesarias para enfrentar una nueva tecnología en la que la empresa quería incurrir.
- Algunos asociados confesaron que estaban en procesos de entrevistas con otras compañías, mismos que decidieron echar atrás gracias a los estímulos del nuevo gerente.
- En 24 meses, este gerente fue reconocido por el Corporativo.

Esta es simplemente una historia más de lo que puede ser una buena selección. Seguramente los otros dos candidatos, tenían atributos para otras posiciones, pero no para esta. Por esta razón es recomendable, si el tiempo lo permite y la organización lo fomenta, contextualizar el puesto a través del desarrollo de un perfil utilizando nuestra metodología (perfil del puesto) y contrastarlo frente a lo que la persona tiene que ofrecer (diagnóstico de la persona).

Diagnósticos utilizados para orientar el desarrollo.

Los seres humanos llegamos a perder células del cerebro cuando envejecemos; sin embargo, se producen otras para reemplazarlas con facilidad. La realidad es que las personas mayores pueden pensar de forma tan divergente como los jóvenes.[82] Uno puede desarrollar nuevas células del cerebro a través de un proceso conocido como neurogénesis, que se activa mediante el ejercicio físico.[83]

Por esta razón existen consejos muy básicos que podemos entregarles para desarrollar algunas tácticas:

- Si necesitas tener plena concentración para realizar algo, realiza algún tipo de ejercicio intenso como una caminata rápida por un periodo aproximado de veinte minutos.[84]

---

[82] Palmiero, et. al., «Divergent thinking and age-related changes», *Creativity Research Journal*, volumen 26, 2014.

[83] Cotman, C. W., Berchtold, N. C., and Christie, L. A., «Exercise builds brain health: Key roles in growth factor cascades and inflammation», *Trends in Cognitive Science*, volumen 9, 2007.

[84] Sibley, B. A., and Beilock, S. L., «Exercise and working memory: An individual differences investigation», *Journal of Sport and Exercise Psychology*, volumen 29, 2007.

Alejandro Serralde

- Si necesitas pensar de manera más creativa y flexible sobre un problema, una vez más, toma en cuenta que el ejercicio aeróbico ayuda.[85]

- Por último, el sexo de manera repetida genera nuevas células del cerebro. No obstante, la mejoría desaparece después de una abstinencia prolongada. Por esta razón, la frecuencia es fundamental.[86]

- Entrena para estar en forma. Mientras más en forma estés, más inteligente y exitoso serás. Las investigaciones, en más de un millón de jóvenes, han revelado que mientras más en forma están, más alto es su coeficiente intelectual y sus probabilidades de alcanzar el éxito en el trabajo.[87]

De la misma manera que los Diagnósticos de Efectividad (Gerencial, Ventas u Operativa) son un vehículo extraordinario para la selección, son aún mejores para el proceso de desarrollo de una persona. Pensemos en lo siguiente, de acuerdo con el Dr. Robin Stuart-Kotze, la gente que tiene la fortuna de vivir en un paraíso laboral, al poder utilizar su potencial al máximo y conseguir resultados, definitivamente estarán muy motivadas. No obstante, esto no ocurre normalmente. Frecuentemente a una persona en la vida laboral, le entregan trabajos de los cuales no necesariamente

---

[85] Netz, Y., et. al., «The effect of a single aerobic training session on cognitive flexibility in late middle-aged adults», *International Journal of Sports Medicine*, volumen 28, 2006.

[86] Glasper, E. R., and Gould, E., «Sexual experience restores age-related decline in adult neurogenesis and hippocampal function», *Hippocampus*, volumen 4, 2013.

[87] Aberg, M. A., et. al., «Cardiovascular fitness is associated with cognition in young adulthood», *Proceedings of the National Academy of Sciences*, 2009.

Alejandro Serralde

obtiene mucha satisfacción. Por lo tanto, si esto ocurre cotidianamente, la persona se va de la empresa. Es terrible esta situación.

En ocasiones llegamos a pensar que la gente es inflexible y posiblemente floja. La realidad es, que una buena parte de nuestros fracasos se deben a no tener claridad de lo que se espera de nosotros, no tenemos conocimiento de hacer algo y reaccionamos ante tareas con baja efectividad. Esto sin duda disminuye la satisfacción en el trabajo.[88]

El Diagnóstico de Efectividad (Gerencial, Ventas y Operativo) permite obtener justamente un conjunto de reacciones que describen a la persona frente a su realidad presente. Estas reacciones ayudan a confirmar buenas estrategias de influencia cuando los estilos son efectivos; pero a su vez, en muchas ocasiones, las personas se pueden volver conscientes y hasta ponerles nombre. Esto por su parte es de gran ayuda y permitirá ayudar a la persona para poder trabajar en ellas.

Los seres humanos contamos con 24.000 genes que son nuestros de por vida, y, en efecto, su estructura básica no es alterable. Sin embargo; sí podemos modificar la manera en cómo funcionan, y justamente las experiencias lo hacen.[89]

Los genes crean proteínas, las cuales controlan tanto las funciones del cuerpo como del cerebro y afectan el comportamiento. Las experiencias como las vivencias activan y

[88] Stuart-Kotze, R. «Who are your best people?», *Prentice Hall*, 2008.
[89] Brydon, L., et. al., "Psychological stress activates interleukin-1ß gene expression in human mononuclear cells", *Brain, Behaviour, and Immunity*, volumen 19, 2005.

Alejandro Serralde

desactivan la creación genética de proteínas que hacen que te sientas y actúes diferente.[90]

El ambiente laboral determina tus sentimientos y forma de actuar, lo cual puede producir estrés, dificultad, depresión, disfrute o cualquier otra emoción. Por consiguiente, te crean proteínas que alteran tu cerebro y acciones.[91]

La personalidad (lo que eres) únicamente predice el 15% de tu comportamiento. Son las acciones (lo que uno hace) lo que determinan tu desempeño[92] [93] en estos términos. Por consiguiente, para impulsar cambios, esto implica que las personas dediquen parte de su energía y esfuerzo a algo diferente, y para ello deben restarlo a cualquier otra actividad. Una de las enseñanzas fundamentales en la vida es que uno no puede hacerlo todo. Como muy bien lo ilustra el refrán popular: «Aprendiz de mucho, maestro de poco».

Los reportes de cada uno de nuestros diagnósticos incluyen reportes escritos para quien posea el puesto. El documento está escrito en un lenguaje fácil de entender para la persona, además se concentra en las acciones sintetizadas en estilos de liderazgo y no en las características de la persona. Es decir, como lo describe el Dr. Robin Stuart-Kotze: el comportamiento (que hacemos) versus la personalidad (quien es la persona).

---

[90] Sotnikov, S. B., et. al., «Bidirectional rescue of extreme genetic predispositions to anxiety: impact of CRH receptor 1 as epigenetic plasticity gene in the amygdala», *Translational Psychiatry*, volumen 4, 2014.

[91] Lopez-Maury, L., Marguerat, S., and Bähler, J., «Tuning gene expression to changing environments: from rapid responses to evolutionary adaptation», *Nature Review Genetics*, volumen 9, 2008.

[92] Mischel, W., *Personality and Assessment*, Lawrence Earlbaum, 1968.

[93] Nisbett, R., cited in Funder, et. al, "Personality psychology in the workplace: Decade of behaviour", *American Psychological Association*, 2001.

Alejandro Serralde

Por tanto, si en algún momento te toca vivir este proceso, es muy importante eliminar del lenguaje: eres un... sino más bien, te comportas con un estilo de este tipo y este es el impacto.

Por ejemplo: en la siguiente gráfica, esta persona, presenta conductas de Soporte y Dominantes: Burócrata, Promotor y Ejecutivo de alta efectividad; por el contrario, emplea una Autocracia Dominante. De estas definiciones, comentaremos más adelante. No obstante es importante mencionar que los reportes cuentan con todas las terminologías y además narrativas que describen este perfil.

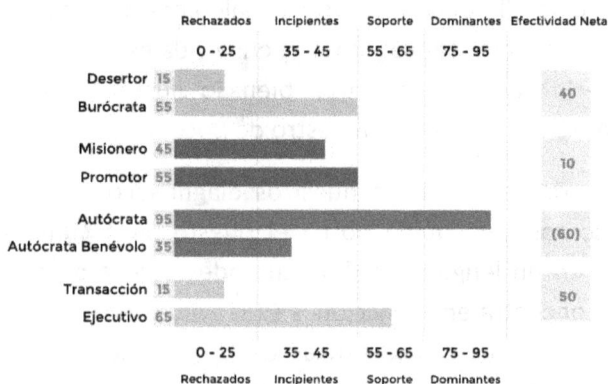

	Rechazados	Incipientes	Soporte	Dominantes	Efectividad Neta
	0 - 25	35 - 45	55 - 65	75 - 95	
Desertor	15				40
Burócrata	55				
Misionero	45				10
Promotor	55				
Autócrata	95				(60)
Autócrata Benévolo	35				
Transacción	15				50
Ejecutivo	65				
	0 - 25	35 - 45	55 - 65	75 - 95	
	Rechazados	Incipientes	Soporte	Dominantes	

Los resultados de los diagnósticos permiten establecer conversaciones. Por ejemplo: en procesos de *coaching*, ayudan a sintetizar situaciones laborales en estilos y con ello poder describir muy rápidamente el impacto de una conducta y así, tenerla presente continuamente. Permite también, orientar las conductas que están teniendo un impacto no tan favorable en el manejo de las relaciones, en la ejecución de tareas y en la interacción de grupo.

Por ejemplo: en la siguiente gráfica se puede observar que la variable Colegas, está empleando un mayor número de conductas de baja efectividad y por lo tanto, esta gráfica está por debajo de 1.8 que es el promedio, lo que quiere decir que con un puntaje de 1.6, se sabe que las conductas de baja efectividad, tienen un impacto negativo en esta variable.

No sabemos a través de la gráfica qué conductas de baja efectividad son (Desertor, Misionero, Autócrata o De Transacción), pero contamos con una narrativa que nos permite leer más adelante para poderlas identificar.

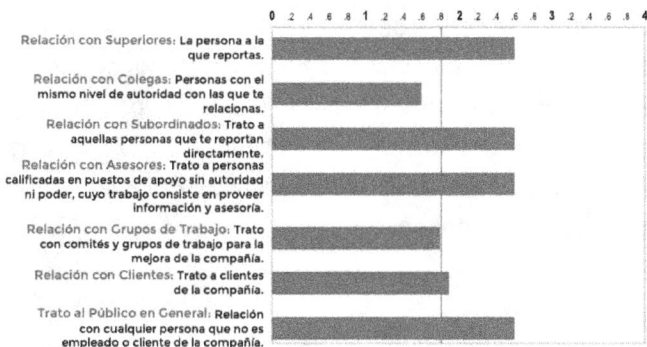

Durante el proceso de Desarrollo a través de las herramientas sugerimos establecer acciones puntuales que puedan ser contrastadas más adelante. Las personas pueden ser mucho más efectivas si escriben, además, aquellas cosas que les han ayudado a ser efectivas y aquellas que no les han ayudado tanto. Estas reflexiones muchas veces ayudan a volver a las personas menos defensivas a la hora de ver cómo ciertas conductas no agregan valor.

Un proceso efectivo de auto-reflexión y de desarrollo, generalmente entusiasman a las personas para volver a hacer un test, quieren medir sus avances y muchas veces les entusiasma tener resultados. En realidad, los efectos se empiezan a tener a partir del cambio de conducta. Por esta razón sugerimos que las personas incluyan en su lista de cambios: ¿cómo haré esto visible? Llevar registros de esta información puede ser muy útil, pues uno puede ir monitoreando su propia conducta.

Pasados de unos cuatro a seis meses, puede ser muy útil realizar un test llamado: Diagnóstico de Mejora 360, que es enviado a un grupo de personas que han venido observando y siendo testigos de tus comportamientos. La encuesta es enviada a través de una plataforma y toma no más de 10 minutos. Las opciones son entonces contestadas por un grupo de personas seleccionadas y los resultados se contrastan adicionalmente con sus resultados pasados que han venido observando otras personas.

En la siguiente gráfica por ejemplo: se puede observar cómo esta persona que en su auto-evaluación obtuvo un resultado de 3.0 en la variable *efectividad*, indica que la persona tiene un nivel muy alto de auto-percepción y además, de esta persona se espera que logre resultados muy altos con menos desgaste que el resto de los gerentes. Después de haber puesto en marcha una serie de estrategias se puede ver que:

- En la percepción de su jefe, esta persona es ahora mucho más efectiva.
- A los ojos de su equipo de trabajo, esta persona tiene un nivel muy alto.
- No obstante, frente a sus colegas y clientes, su efectividad es de 2.2 que equivale a un nivel moderado de efectividad y por lo tanto, esta persona debe mejorar frente a ellos.

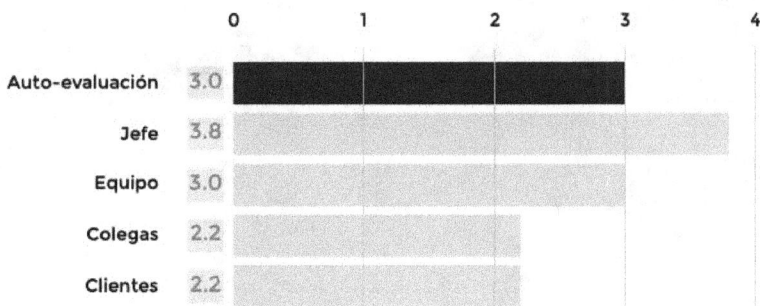

	0	1	2	3	4
Auto-evaluación	3.0				
Jefe	3.8				
Equipo	3.0				
Colegas	2.2				
Clientes	2.2				

Alejandro Serralde

Medio Siglo de Efectividad Gerencial

Esta información es tan específica que puede contrastar cada uno de los estilos de liderazgo de Reddin. Tal es el caso de la siguiente gráfica que muestra:

- Una lectura bastante equilibrada en lo que refiere a la auto-percepción y la percepción de los demás frente a este estilo Burócrata.

- No obstante, la persona tiene una autopercepción de su conducta Desertor mayor (con 35 percentiles) que la percepción que tienen los demás.

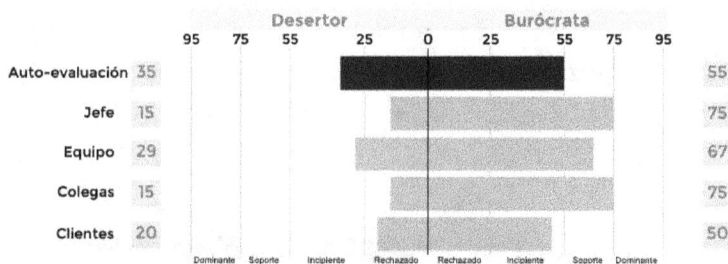

	Desertor				Burócrata			
	95	75	55	25 0 25	55	75	95	
Auto-evaluación 35								55
Jefe 15								75
Equipo 29								67
Colegas 15								75
Clientes 20								50

Dominante Soporte Incipiente Rechazado Rechazado Incipiente Soporte Dominante

Alejandro Serralde

En la siguiente gráfica se puede ver, quizás, una de las zonas en las que esta persona pudiese mejorar, pues no ha sido capaz de reducir su estilo Misionero. En su auto-evaluación la persona obtuvo un puntaje de 65 y sus colegas y clientes no han visto un mejoramiento.

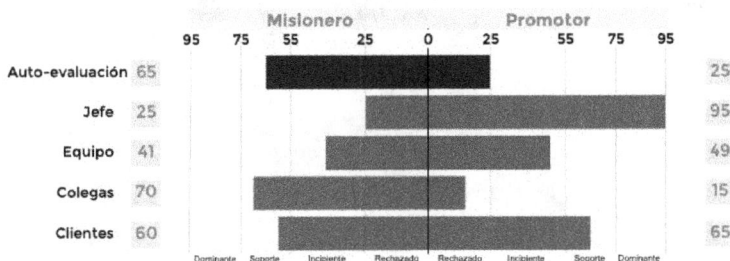

	Misionero	Promotor	
	95 75 55 25 0 25 55 75 95		
Auto-evaluación 65			25
Jefe 25			95
Equipo 41			49
Colegas 70			15
Clientes 60			65
	Dominante Soporte Incipiente Rechazado Rechazado Incipiente Soporte Dominante		

En la siguiente gráfica se puede apreciar como sus Colegas y Clientes, observan a esta persona con conductas autocráticas. Por lo tanto, queda cada vez más claro frente a cuáles personas este líder necesita ser mucho más cuidadoso.

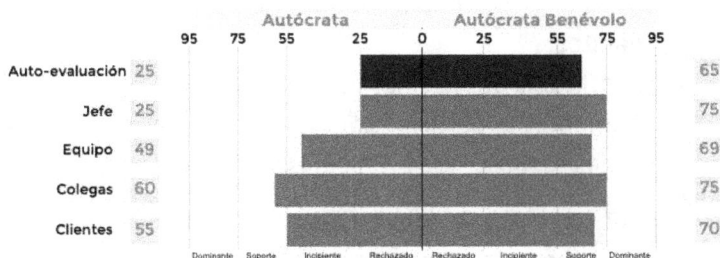

	Autócrata	Autócrata Benévolo	
	95 75 55 25 0 25 55 75 95		
Auto-evaluación 25			65
Jefe 25			75
Equipo 49			69
Colegas 60			75
Clientes 55			70
	Dominante Soporte Incipiente Rechazado Rechazado Incipiente Soporte Dominante		

Alejandro Serralde

Finalmente, frente a las conductas que expresan colaboración inteligente, parece no tener problema, aunque es percibido frente a su Jefe y frente asi mismo como más efectivo, con comportamiento Ejecutivo que sobrepasa el percentil 55.

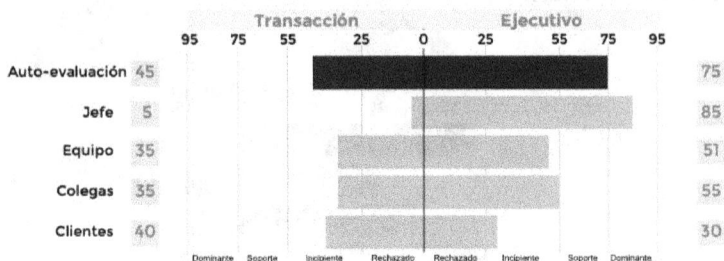

	Transacción					Ejecutivo			
	95	75	55	25	0	25	55	75	95
Auto-evaluación	45								75
Jefe	5								85
Equipo	35								51
Colegas	35								55
Clientes	40								30

Dominante   Soporte   Incipiente   Rechazado   Rechazado   Incipiente   Soporte   Dominante

Encuestas utilizadas para retener talento.

Cada organización tiene sus propios retos. Algunas utilizan métodos de diagnóstico para poder indagar la causa raíz. Frecuentemente este tipo de organizaciones aciertan más que las que utilizan solo el olfato para indagar lo que está pasando. A través de nuestras herramientas, buscamos los siguientes objetivos:[94]

- Ayudar a las organizaciones a descongelar algunos hábitos.
- Focalizar la atención en retos críticos.
- Aumentar la participación de la gente y el compromiso en la resolución de problemas.

De acuerdo con W.J. Reddin (1994), la gran ventaja de tener este tipo de encuestas, es su gran flexibilidad de aplicación. Se pueden aplicar como un proceso rutinario cada cierto tiempo, o bien aprovecharse como insumo en intervenciones de

---

[94] W.J. Reddin, «Using tests to improve training, the complete guide to select, developing and using instruments», *Prentice Hall, 1994.*

mejora continua. Este tipo de encuestas abren el diálogo entre los miembros de la organización y estimulan el compromiso de cambio entre sus miembros.

Dentro de las encuestas, se encuentran dos tipos, ambos diseñados por W.J. Reddin y Pat Kehoe; una que busca sensibilizar a la alta gerencia frente a las prácticas que dan sentido a la Orientación a las Relaciones y por otro lado, a las prácticas que dan mantenimiento a la Orientación a la Tarea.

Frente a la Orientación a las Relaciones, tenemos una Encuesta de Clima (EC) que contestan equipos de trabajo o toda la organización y requiere de únicamente 15 minutos. Las variables que se manejan son las siguientes: condiciones de trabajo, actitud de la gerencia, relación con mi jefe, ambiente de trabajo, satisfacciones psicológicas, comunicación, imagen de la organización y beneficios.

Tal y como lo muestra la siguiente gráfica, la información es comparada frente a un contraste de referencia y cada una de las variables son analizadas con mucho detalle.

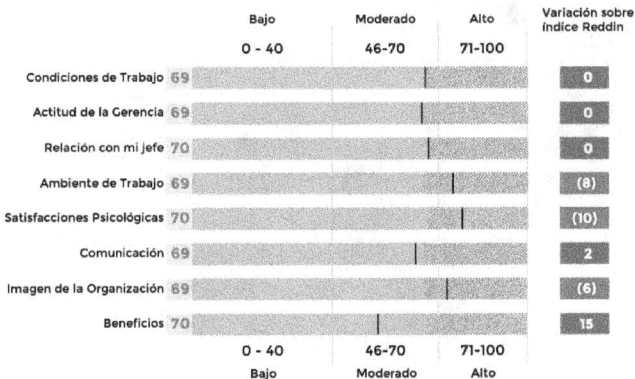

	Bajo 0-40	Moderado 46-70	Alto 71-100	Variación sobre índice Reddin
Condiciones de Trabajo	69			0
Actitud de la Gerencia	69			0
Relación con mi jefe	70			0
Ambiente de Trabajo	69			(8)
Satisfacciones Psicológicas	70			(10)
Comunicación	69			2
Imagen de la Organización	69			(6)
Beneficios	70			15

En lo que respecta a la Orientación a la Tarea, contamos con la Encuesta de Orientación a la Efectividad (EOE), un cuestionario diseñado para cubrir 16 variables, entre las que se encuentran: alineación de los objetivos con mi jefe, alineación de los objetivos con mis colaboradores, alineación de los objetivos con colegas, límites de autoridad definidos, recursos disponibles para la posición, aceptación de las prácticas de efectividad, beneficios percibidos de las prácticas de efectividad, información gerencial disponible, estimular prácticas a favor de la productividad, cultivar el liderazgo efectivo, estructura adecuada, comunicación asertiva, manejo del desacuerdo y aprovechamiento del talento.

De estas 16 variables, se eligen 8 a través de la plataforma y automáticamente se configura un cuestionario que es enviado por correo electrónico a la población muestra. El cuestionario toma no más de 15 minutos y se puede contestar en cualquier tipo de dispositivo móvil.

Los resultados son asombrosos y el propio reporte brinda un conjunto de recomendaciones. Tal como lo muestra la siguiente figura, el reporte permite contrastar la información frente a un índice esperado. El índice esperado está conformado por un conjunto de empresas que tienen extraordinarias prácticas de efectividad y están orientadas a resultados.

En una plática reciente con una de las hijas de Bill Reddin, recordamos sobre la actitud de Bill frente a la suerte. Él solía decir: "sé indiferente ante la suerte y diligente con la efectividad". La suerte, decía él: "es como la magia, se utiliza para describir hechos inexplicables, pero es inexistente". Como lo dice su libro *using tests to improve training*: si una persona está en el lugar adecuado, en el momento correcto con los recursos disponibles, no llegó por casualidad, aunque parezca de esa manera. Esa persona, conocida por algunos como "suertuda", sabía del potencial de la situación y estaba preparada para oportunidades como ésta.

Por lo tanto, para preparar las condiciones de Orientación a las Relaciones con Encuesta de Clima (EC) y de Orientación a la Tarea con la Encuesta de Orientación a la Efectividad (EOE), uno debe evaluar continuamente el estado de la situación. Sin información, es difícil tomar decisiones y en consecuencia: estar en el lugar adecuado, en el momento correcto y con los recursos disponibles. Es recomendable hacer este ejercicio continuamente si se quiere tener un nivel de efectividad estable.

Herramientas para alinear el estado deseado de la conducta frente al estado actual y establecer un camino para mejorar.

¿Te has percatado de todos los cambios en tu situación laboral actual? Te das cuenta de aquellos que son importantes tales como la presencia de un nuevo jefe; sin embargo, ¿te das cuenta también de los menos visibles? Todos los días suceden todo tipo de cosas, pero estás tan ocupado que simplemente no te percatas. En tu ruta diaria al trabajo, ¿prestas atención a los cambios que hayan podido ocurrir en el trayecto tales como: un aviso nuevo, carros diferentes, una tienda que ya no está, un nuevo árbol, entre otros? No, no lo haces, pues tu mente está distraída con otros asuntos. Tu atención no está enfocada en los cambios pequeños y sutiles. Esto es lo que los psicólogos denominan como la ceguera al cambio.

A nivel consciente, puede ser que no percibas los cambios sutiles, pero sí lo haces inconscientemente. La corteza prefrontal es la parte más evolucionada del cerebro, puesto que te permite modificar las acciones y estrategias a medida que la situación cambia, si así tú lo permites. Aunque el inconsciente percibe todo, tal como Daniel Kahneman señala en su destacada obra *thinking fast*, el cerebro consciente prefiere un enfoque más lento y pasa por alto aquellos asuntos que requieren de un mayor esfuerzo o atención.[95] Para mantenerse alerta ante los cambios pequeños del entorno, se debe hacer un esfuerzo para concentrarse en aquello que es más obvio e inmediato, lo que hace que ignore lo que está ocurriendo.

A menudo, los cambios son graduales e imperceptibles. La efectividad disminuye si no logra adaptar el comportamiento de manera efectiva.

Para ello hemos desarrollado un conjunto de instrumentos que permiten evaluar a las situaciones y con esto contrastar: ¿qué requiere tu situación presente? Y contrastar con las conductas emitidas del Diagnóstico de Efectividad (Gerencial, Ventas y Operativo o Administrativo).

---

[95] Kahneman, D., *Pensar rápido, pensar despacio*, Farrar, Straus and Giroux, 2011.

A esto le hemos llamado Diseñadores Situacionales y provienen del mismo Perfil de Requerimientos (Gerenciales, de Ventas o Administrativos). A través de un cuestionario, podemos rápidamente guiar la situación de la persona como lo muestra el siguiente grupo de estrategias.

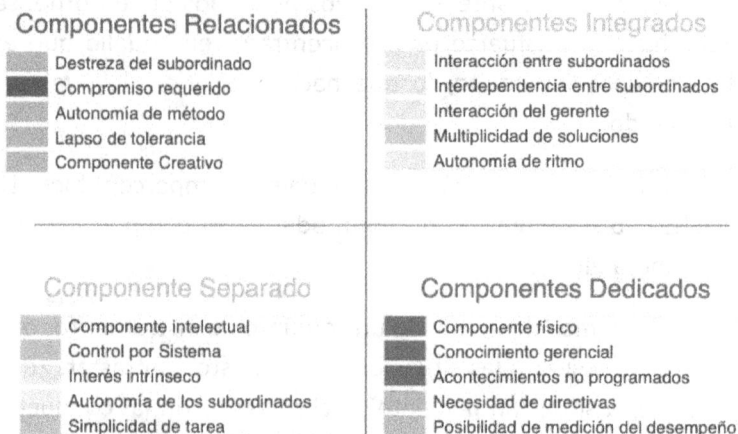

Componentes Relacionados

- Destreza del subordinado
- Compromiso requerido
- Autonomía de método
- Lapso de tolerancia
- Componente Creativo

Componentes Integrados

- Interacción entre subordinados
- Interdependencia entre subordinados
- Interacción del gerente
- Multiplicidad de soluciones
- Autonomía de ritmo

Componente Separado

- Componente intelectual
- Control por Sistema
- Interés intrínseco
- Autonomía de los subordinados
- Simplicidad de tarea

Componentes Dedicados

- Componente físico
- Conocimiento gerencial
- Acontecimientos no programados
- Necesidad de directivas
- Posibilidad de medición del desempeño

Este tipo de cuestionario, compuesto de 40 grupos de comportamientos divididos en 4 por pregunta, tienen el objetivo de resumir y sintetizar en categorías:

1. Los comportamientos esperados por el tipo de responsabilidades gerenciales.
2. Las expectativas de las personas alrededor.

De estos elementos se hablarán en los siguientes capítulos. No obstante era importante mencionarlos de una vez, por lo importante que resulta lo cambiante de la situación en la evolución del trabajo.

Por consiguiente, si deseas permanecer en el juego, debes actuar de manera diferente: hacer más de ciertas cosas o menos de otras, dejar por completo algunas o empezar otras nuevas.

El Perfilamiento (Gerencial, Ventas, Operativo) se contrasta frente a tu Diagnóstico (Gerencial, Ventas Operativo) y con ello se realiza un análisis de brechas, basadas en los siguientes criterios:

- Conductas óptimas: cuando la persona cubre perfectamente las demandas de la situación con un liderazgo asertivo (de alta efectividad), de esto se puede pronosticar la efectividad sostenible.

- Conductas excesivas: la persona utiliza en exceso conductas para cubrir la situación con el riesgo de crear dependencia y comprometer la efectividad futura.

- Conductas nocivas: la persona está cubriendo las demandas de la situación con conductas que no generan resultados y en consecuencia producen mucho desgaste.

- Conductas faltantes: la persona no cubre las demandas de la situación porque no tiene el conjunto de conductas. Si la persona desea ser efectiva, necesita desarrollar este liderazgo.

A través del contraste de la situación frente a las conductas de la persona, se obtienen una serie de guías para poder continuar con prácticas que sostienen la efectividad, o dejar de hacer cosas para evitar ser menos efectivo y ahorrar energía, o bien, estimular algunas conductas para poder elevar la efectividad y ahorrar tiempo.

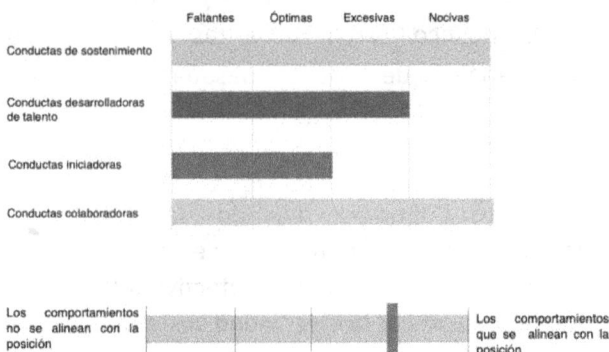

Este reporte viene estructurado con una serie de guías que sin duda ayudarán a cambiar a cada persona en la dirección correcta y no solamente cambiar por cambiar. Si piensas que en este momento dominas el trabajo y no hay nada que puedas mejorar, entonces probablemente te quedaste rezagado y hasta obsoleto.

A la hora de hacer este análisis haz una lista de preguntas que evidencien tu interés y compromiso. Las personas que hacen esto reciben más ayuda y apoyo de su jefe u otros actores clave.[96]

---

[96] Ellis, A. M., et. al., «Newcomer adjustment: Examining the role of managers' perception of newcomer behaviour during organizational socialization», *Journal of Applied Psychology*, volumen 102, 2017.

Alejandro Serralde

El crecimiento de ArcelorMittal

ArcelorMittal es una corporación líder en la producción de acero, con una producción de 93 millones de toneladas y la compañía número 120 en tamaño con más de 200,000 empleados. Una compañía que alinea todas sus actividades a tres valores: calidad, sostenibilidad y liderazgo.

La empresa tiene contratada la plataforma de diagnósticos de Reddin Assessments y la ha utilizado con mucho éxito en el proceso de contratación. Liliana Ovalles (2020), Gerente de Selección y Desarrollo, se vio en la necesidad recientemente de contratar a 80 ingenieros con cualidades muy específicas en las que los resultados de los reportes Reddin ha sido clave para este proceso. "Iniciamos aplicando el test masivamente para poder cubrir muchísimas posiciones" comenta Liliana quien tiene más de 25 años en la industria y en Recursos Humanos. "Nunca pensé que con la cuota que pagamos anual, tuviera acceso a tanto".[97]

Frente a posiciones en las que se requiere más precisión, como la contratación de un Director Comercial recientemente, en el que la precisión es clave, se realizó el ejercicio de perfilar el puesto a través del Perfil de Requerimientos Gerenciales (PRG) y el Perfil de Destrezas en Ventas (PDV) y contra este se contrastaron varios candidatos que habían realizado el Diagnóstico de la Efectividad Gerencial (DEG) y el Diagnóstico de Efectividad en Ventas (DEV).

Liliana (2020) ha podido demostrar en la compañía el valor que han tenido las herramientas Reddin. Está próxima a llevar

---

[97] Ovalles, Liliana. Entrevista personal. Abril 2020.

Alejandro Serralde

estudios de Clima a través de la Encuesta de Clima (EC) y producir reportes contrastándolos frente al liderazgo de grupos de personas para llevar a cabo un análisis de Clima Gerencial.

"Entre 2017 y 2020 llevamos contratados más de 400 ingenieros, en ubicaciones en donde el acceso al talento es limitado. ArcelorMittal tiene todas las herramientas que uno puede imaginarse, pero esta, ha sido la mejor localmente".

Adicionalmente, Liliana ha aplicado el Diagnóstico de Efectividad Operativa (DEOP) para ingenieros jóvenes, mismos que han salido muy buenos y por los cuales han recibido elogios en la organización.

MagmaLabs, una empresa con talento global.

MagmaLabs es una empresa americana de software con operaciones en México y oficinas en Canadá y Reino Unido. Su misión, impulsar la innovación digital a través del trabajo que hacen con cientos de proyectos en diferentes países. Con talento de primer nivel, MagmaLabs cuida entregar productos de muy alta calidad a través de una rigurosa ejecución.

Carlos Rocha, CEO, es fan de las herramientas Reddin y lleva más de 6 años utilizándolas, "El Diagnóstico de Efectividad Gerencial (DEG) es utilizado periódicamente, ya que además de cuidar que nuestra gente sea efectiva, nos ayuda a cuidar el clima de los equipos". Por esta razón aplican continuamente la Encuesta de Clima para cuidar elementos anímicos y la Encuesta de Orientación a la Efectividad para cuidar aquellos elementos vinculados a las prácticas de efectividad.

Carlos tomó el Seminario de Efectividad Gerencial 3-D, mismo que considera ha sido clave para el crecimiento que ha tenido. Antes de ser CEO, Carlos (2020) fue CFO y COO en la compañía. Conoce perfectamente cada área de la empresa y es lo que podríamos decir: un extraordinario director de orquesta. "El Seminario de Efectividad Gerencial 3-D me ayudó a focalizarme porque viví tantos roles en la compañía que era muy fácil perderme; las Áreas de Efectividad y el auto-conocimiento de mis conductas me permitió ser exitoso pese a la ambigüedad", [98] comenta.

---

[98] Rocha, Carlos. Entrevista personal. Abril 2020.

"Las herramientas nos permiten monitorear continuamente la deserción propiciada por la naturaleza de nuestra industria. Personas que desarrollan soluciones y tienen que interactuar con colegas globalmente en complejos sistemas, llevan, naturalmente, a trabajar muchísimas horas, hasta un punto en el cual uno no puede más", nos comparte Carlos (2020) quien vivió en carne propia todo este proceso.

"Las herramientas Reddin me han ayudado a crecer de empleado a empresario y también de ser un apasionado de lo que hago a ser un estratega". Carlos Rocha, CEO, MagmaLabs.

Bancolombia, un caso de éxito regional que ha trascendido a 2 décadas.

Bancolombia, uno de los bancos más importantes de Latinoamérica, ha construido una historia sólida, con una cultura de integridad, responsabilidad, respeto y cercanía durante sus 145 años de historia. Hoy día tienen operación en Colombia, Panamá, Guatemala y El Salvador. Tiene tres prioridades estratégicas:

1. Promover la competitividad del tejido productivo para impulsar el agro, las Pymes y la transformación empresarial.
2. Construir ciudades y comunidades más sostenibles.
3. Fomentar la inclusión financiera para que más personas accedan al crédito, con un énfasis especial en la equidad de género.

En el año 2000 inicia una relación con Reddin Assessments, primero para Colombia y después, a medida que el banco fue creciendo territorialmente, para los demás bancos del Grupo: Banco Agrícola en El Salvador, Banistmo en Panamá y BAM en Guatemala, utilizando todas las herramientas Reddin en sus procesos de selección, desarrollo y retención.

Mauricio Rosillo, lidera la Vicepresidencia Corporativa del Grupo Bancolombia de la que hace parte el equipo de Gestión Humana, ha venido utilizando las herramientas Reddin como una etapa importante dentro del proceso de selección de líderes, tanto para promoción de empleados, como en vacantes externas. "Durante estos 20 años, Reddin Assessments nos ha permitido tener información relevante para la toma de decisiones en la selección, retroalimentación y el acompañamiento en el desarrollo de nuestro talento. Hemos evidenciado en la prueba una alta confiabilidad, coherencia y validez, pues refleja en gran medida, los estilos gerenciales de las personas y provee información importante para acompañar a los líderes en su desarrollo".[99] Los diagnósticos de Reddin Assessments han permitido a Bancolombia predecir los comportamientos de una persona frente a una posición y permite identificar qué impacto (efectivo o no) producen, tanto en la efectividad como en el ambiente y en el producto derivado de la interacción.

Bancolombia se apoya en la información de los reportes para orientar el proceso de desarrollo y guiar los comportamientos hacia aquellos temas que son importantes en la organización y forman parte de la cultura en la que se valora: la toma de consciencia, la adaptabilidad y la generación de resultados. Mauricio nos comentó lo siguiente: "el líder o dueño de la vacante se lleva una gran sorpresa cuando hacemos lectura del informe del reporte, porque la identificación es inmediata. Lo mismo ocurre cuando damos retroalimentación directa a un candidato".

Reddin Assessments, de acuerdo a Mauricio, ha sido relevante en el proceso de desarrollo, ya que permite elegir a las mejores personas para un rol y orientar las estrategias de desarrollo para potencializar el talento y elegir líderes que seguirán siendo el reflejo de la cultura de Bancolombia.

---

[99] Rosillo, Mauricio. Entrevista personal. Mayo 2020.

Grupo Éxito, una historia de 25 años y de crecimiento continuo.

Grupo Éxito, es una empresa Colombiana de venta al por menor (*retail*), líder en Sudamérica y que emplea a más de 40,000 empleados. Desde hace 25 años, nuestra firma ha sido proveedora de herramientas de diagnósticos para evaluar al talento. Katalina Ramírez, Jefe Nacional de Selección y Contratación, cuenta con una exitosa carrera en Bienestar y Desarrollo; experta en procesos de Selección y además en los diagnósticos Reddin. "Nos hemos visto crecer las canas Alejandro y esto ha sido posible gracias a la confianza que tenemos en Ustedes"[100] me comentó Katalina (2020), en una entrevista que tuvimos desde su finca en Medellín. La relación de confianza que para muchos se construye a partir de lo anímico, para Grupo Éxito se ha podido construir a través de la validez y confiabilidad de nuestros diagnósticos.

"Cada uno de los talleres y seminarios en los que todo mi equipo se ha podido especializar, están estructurados de manera tal, que te obligan a pensar, a cuestionarte y a lograr conciencia", expresó. Para Grupo Éxito los diagnósticos de Reddin Assessments no se limitan a selección, sino, son la herramienta para establecer conversaciones puntuales, que favorezcan el proceso de retroalimentación.

Un aprendizaje que obtuve de la práctica de Grupo Éxito frente al manejo de la información de los diagnósticos es iniciar a partir de la vulnerabilidad; es a partir de la vulnerabilidad que una persona puede tomar consciencia. Los estilos de liderazgo

---

[100] Ramírez, Katalina. Entrevista personal. Junio 2020.

Alejandro Serralde

permiten orientar las diferencias, pero hablar desde un lenguaje de la vulnerabilidad, es un común denominador para todos. "Coexistir con las cosas buenas de una persona es muy fácil, no obstante convivir con la vulnerabilidad de los demás, es la primera fuente de conflicto. La vulnerabilidad no es un defecto, sino es un área de menor dominio que además fácilmente puede destruir valor" expresó Katalina.

En Grupo Éxito se utilizan los diagnósticos grupales para gestionar el cambio, para brindar asesoría colectiva y poder brindar *coaching*. "Esto lo hacemos porque sabemos que es la vulnerabilidad frecuentemente el punto de inflexión en grupos humanos". Por ejemplo, un líder inteligente, puede hacer un intercambio de sus vulnerabilidades a partir de delegarlas en una persona que es fuerte, pero eso requiere flexibilidad de ambos. Eso dice ella "se ve muy pocas veces".

La importancia de analizar la efectividad bajo presión

Katalina (2020) nos ha sugerido poner mucha atención en la variable de efectividad bajo presión. "Es en las malas que se nos sale el apellido", haciendo referencia a lo retador que resulta trabajar con equipos muy competitivos; en ocasiones la competencia se puede convertir en una vulnerabilidad. "Existe una ceguera porque las cosas han funcionado en el pasado y se piensa que esa es la mejor manera de hacerlos". Frecuentemente cuando estamos bajo presión por si fuera poco solemos escuchar para defendernos pero no para entendernos y en ocasiones esto es consecuencia de la competencia, la presión y una tarea pendiente frente a un grupo humano. Como lo dice Simon Sinek en su libro *Leaders*

Eat Last: "el liderazgo requiere de un trabajo constante, energía, los efectos no siempre inmediatos y requiere de mucho compromiso hacia el ser humano".[101]

---

[101] Sinek, Simon. «Leaders Eat Last», *Penguin Publishing Group*, 2017.

Alejandro Serralde

Alejandro Serralde

6

Obsesión por la efectividad

«Algunas personas son enviadas a cursos como hipócritas y regresan siendo autócratas».

W.J. Reddin

Si has llegado a este punto del libro, seguramente te has llegado a preguntar y ¿cómo puedo ser más efectivo?

Ya hemos mencionado que la efectividad se logra al alinear el comportamiento con los requerimientos de la situación. Si te conduces con menos efectividad es porque posiblemente estas sirviendo necesidades personales. Si te comportas

Alejandro Serralde

efectivamente es porque sabes leer la situación. W.J. Reddin (1991) encuentra cuatro habilidades muy importantes:[102]

- Consciencia sobre tu propia conducta y los impactos que esta puede producir.
- Capacidades para leer las diversas conductas con absoluta objetividad.
- Flexibilidad para reaccionar frente a la adversidad con una dotación amplia de conductas que te permitan influir en la situación con éxito.
- Destrezas para crear condiciones estructurales y climáticas que influyen en la conducta de otros.

Estas cuatro destrezas se pueden aprender, pero para ello es necesario, (1) desear hacerlo, (2) descongelar algunos hábitos que te lleven a reconocerte mejor a través de un marco conceptual que te permita sintetizar, (3) continuamente obtener retroalimentación para no volver a caer en viejos hábitos, usando ese marco conceptual.

Concluyendo que cada persona que está leyendo este libro, tiene la motivación de cambiar y ser más exitosa en su trabajo, es importante tener claros un conjunto de términos, mismos que vamos a describir a continuación:

¿Qué es la Efectividad Real?

Desde 1970 y en su libro *Managerial Effectiveness*, mismo que fue traducido a más de 20 idiomas, W.J. Reddin define a la efectividad como el eje central en la gerencia. Es el grado de cumplimiento de los resultados esperados de la posición. Ese es el único trabajo de un gerente, ser efectivo.

---

[102] W.J. Reddin, «Tests for the Output Oriented Manager», *Kogan Page*, 1991.

Medio Siglo de Efectividad Gerencial

Para poder hablar de efectividad, es necesario tener claridad sobre los resultados. No tiene nada que ver con popularidad, con personalidad, con estilo de conducta. Únicamente con la capacidad de logro sobre los resultados esperados de su puesto.

La realidad es que, después de haber ocupado puestos gerenciales en: BT Financial Group, ElectraNet South Australia, Powerlink, empresas muy exitosas en Australia, llegué a tener serias dificultades para poder asumir mis responsabilidades gerenciales. Los proyectos eran fáciles porque estaban alineados a una metodología de gestión, PMBOK o *Prince2*, en donde estaban clarificados los alcances de mi trabajo. Después llegó la hora de delimitar los alcances de mis responsabilidades gerenciales, y la cosa empezaba a ser angustiante, no tenía claridad y típicamente tenía que preguntar a mis colegas. Al preguntar, me sentía muy vulnerable y algún día entendí que no era el único.

Muchos años después, cuando decidí dejar el mundo corporativo; quise ayudar a organizaciones con aquello me causaba ansiedad, encontré que había una gran cantidad de profesionales con los mismos conflictos que yo llegué a tener. Me dedique a viajar por diferentes países del mundo, principalmente, Centro y Sudamérica. Los conceptos de efectividad, eran desconocidos a pesar de que agregan mucho valor. Las ideas de Reddin eran innovadoras y empezaron a ayudar a descongelar gerentes. Así estuve dieciocho meses, hasta que me mudé en 2012 a los Estados Unidos. Pensé, en algún momento en mi vida como consultor, que promoviendo una metodología que ayudaba a personas a clarificar sus responsabilidades gerenciales en términos de resultados, no aplicaría en uno de los países más avanzados.

Alejandro Serralde

Medio Siglo de Efectividad Gerencial

Al socializar con amigos, colegas y consultores, y compartirles mi historia, me confirmaban que los problemas que yo había tenido ellos también los tenían. Esto me llevó a conocer a John Doerr, autor del libro más exitoso del *New York Times, Measure What Matters*. Como lo explica su libro, los resultados causan un problema sistemático, causado por la falta o exceso de foco, orientación al riesgo sin responsabilidad, exceso de individualismo y promover la falta de cooperación.

John Doerr fue discípulo de Andy Grove, uno de los más aclamados CEOs de Intel. Andy Grove (1995), autor de *High Output Management,* solía decir: "hay muchas personas que trabajan muy duro y logran muy poco".[103] Para ello desarrolló una fórmula: Resultados / Tiempo = **L** (Actividad / Tiempo. ¿Qué significa **L**? Por su traducción en inglés, *Leverage* = apalancamiento de la actividad. El decía que este apalancamiento proviene de las técnicas gerenciales y de la planificación. Mismas ideas de Reddin expresadas con una terminología diferente. Andy Grove fue aclamado por el desarrollo de sus técnicas gerenciales que se pueden utilizar en cualquier tipo de posición.

Regresando a John Doerr, ha causado una sensación en el mundo de *Sillicon Valley* con su metodología y tecnología de organización, planificación, y colaboración. Parece existir un mercado inalcanzable. Un gran aprendizaje que obtuve de John y del cual siempre estaré agradecido, es el siguiente: los sistemas para establecer resultados son, en sí, una vía para estimular el *diálogo y la colaboración.*

---

[103] Andrews S. Grove., «High Output Management», *Vintage Books*, 1995.

Alejandro Serralde

¿Cómo aumentar la Efectividad Real?

Nada puede mejorar si no se le mide y no se tiene un valor de partida.[104] A esta valor de partida y de logro, W.J. Reddin (1970) le llamó Áreas de Efectividad y Métodos de Medición.[105]

Las Áreas de Efectividad (AEs) o *Effectiveness Áreas* (EAs) describen los resultados esperados de un puesto y son expresados en muy pocas palabras. Enuncian, entre otras cosas, lo que sucede después de que una persona es efectiva y no necesariamente lo que necesita hacer la persona para ser efectiva. Recordando lo que dice W.J. Reddin (1972): "la única responsabilidad de una persona en posición gerencial, es ser efectiva". Por lo tanto, es necesario establecer las AEs como paso inicial.

Desde mi punto de vista, esto permite:

- Orientar a la persona a crear valor. ¿Qué habrás conseguido si fuiste efectivo?
- Asumir que su responsabilidad es ser efectiva. ¿Cómo podríamos resumir que creaste valor a la organización?
- Evitar el colectivismo. ¿Son estos los resultados esperados de tu posición o son de alguien más?
- Promover la colaboración y la alineación. ¿Habiendo sido efectivo, como podrán tus colegas ser efectivos?
- Focalizar tu consciencia a una cantidad suficiente pero no muy grande de resultados. ¿Esta semana estarás agregando valor a tus Áreas de Efectividad si las inviertes de esta manera?

---

[104] Stuart-Kotze and Serralde, «Los Siete Secretos de los Líderes Altamente Efectivos», *Ink-It Publications*, 2018.
[105] W.J. Reddin, «Effectiveness Areas», McGraw-Hill, 1972.

W.J. Reddin a diferencia de otros autores, inventó esta práctica previa al establecimiento de objetivos. A continuación, la diferencia.

Iniciar con Áreas de Efectividad la Planificación	Iniciar con Objetivos la Planificación
¿Qué quiero lograr?	¿A dónde quiero llegar?

Iniciar con la pregunta ¿qué quiero lograr? siempre te va a permitir iniciar con una síntesis que permite imaginarte ¿cómo se visualizará el éxito si fuiste efectivo?. Llega a ocurrir en el mundo de las metas, que estableciste el rumbo, pero a la hora de llegar al destino final, te das cuenta que no lograste nada.

Uno de los grandes beneficios de iniciar con el ¿Qué? es que definir el ¿Cuánto?, ¿Cuándo? y ¿Cómo? es mucho más fácil siguiendo esa ruta. Por esta razón, Reddin en su propuesta, después de establecer Áreas de Efectividad (AEs) propone elaborar los Métodos de Medición (MMs) que representan el:

- Número (#)
- Valor económico ($)
- Porcentaje (%)
- Índice (i)
- Cambio (^)
- *Feedback* (f)

Entonces hasta ahora hemos establecido las Áreas de Efectividad (AE) y los Métodos de Medición (MM), luego sigue el acto de plasmar el **cuanto del qué**, es decir: el Objetivo (O). La ventaja de haber iniciado con AE, es que el objetivo por su naturaleza es SMART, simplemente acota el tiempo de duración. (*Specific, Measurable, Achievable, Result Oriented & Time Bounded*)

Estableciendo Áreas de Efectividad (AEs), Métodos de Medición (MMs) y Objetivos (Os), tienes organización del esfuerzo. Se puede iniciar entonces la planeación, porque se han acordado los parámetros estructurales. No obstante, posterior a esto, viene el ejercicio de planificación:

- ¿Qué obstáculos te toparas en el camino?
- ¿Con qué estrategias piensas mitigar los obstáculos en el camino?
- ¿Qué actividades clave piensas ejecutar?

Si el sistema (AE, MM, O) es evaluado continuamente y las estrategias y las acciones clave son frecuentemente evaluadas, hay casi una garantía de aumentar la efectividad real.

Por lo tanto, ¿cómo aumentar la efectividad real?, a través de la efectividad del liderazgo.

¿Qué es la Efectividad de Liderazgo?

En el capítulo 1, dimos un recorrido muy breve sobre la historia de algunos modelos de liderazgo. Para lograr resultados reales (efectividad real), uno necesita hacer cosas (conducta) y no descansar únicamente en los atributos del ser (personalidad), como lo hemos venido mencionando ya varias veces. Para explicar la conducta, Reddin sintetizó en cuatro los comportamientos, dependiendo de su orientación. Para ello es importante entender cada una de las siguientes orientaciones:

- **Orientación a las Relaciones (OR)**: crear un ambiente de confianza para que la gente emprenda con iniciativa empleando todo su talento.

- **Orientación a la Tarea (OT)**: dirigir activamente a la gente para que implementen la iniciativa del líder en medio de las condiciones fijadas.

- **Efectividad de Liderazgo (EL)**: grado en el que el enfoque de liderazgo elegido está alineado con las características del grupo humano, de las tareas a realizar y de las prioridades en el tiempo.

La combinación del uso de estas dos orientaciones (OR y OT) genera los cuatro estilos básicos de comportamiento, o cuatro formas distintas de influencia, agrupando en cada estilo un conjunto de comportamientos:

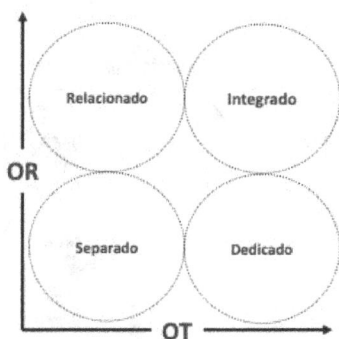

Ninguno de estos estilos básicos es más efectivo que otro; cualquiera de ellos puede ser efectivo en ciertas situaciones, pero no en otras. La efectividad se deriva de responder de acuerdo con los requerimientos de la situación; es decir que para ser efectivo es necesario orientarse a la realidad, más que a los modelos del 'deber ser'.

De esta forma; cada uno de los estilos preferentes tiene un equivalente menos efectivo y otro de mayor efectividad, dando lugar a los ocho estilos aplicados, dependiendo de que se usen los estilos básicos apropiada o inapropiadamente, como lo muestra la siguiente figura:

Impacto menos Efectivo   **Impacto más Efectivo**

Misionero	Transacción	Relacionado	Integrado	Promotor	Ejecutivo
Desertor	Autócrata	Separado	Dedicado	Burócrata	Benévolo

La efectividad no se puede explicar por diferencias de estilo ya que ésta se deriva de responder apropiadamente a los requerimientos de la situación. Es por eso que la tercera dimensión es la *efectividad*. Una de las contribuciones de la Teoría 3-D es dar a este término una definición clara. La efectividad real se mide por el grado en que un gerente logra los resultados de su puesto y esto se puede conseguir a través de la efectividad del liderazgo. En las siguientes páginas resumimos algunas características que hemos tomado de una sección del libro *Effective Management* que escribió W.J. Reddin (1990).[106]

---

[106] W.J. Reddin, «Effective Management», *McGraw-Hill*, 1990.

Para acompañar la ilustración que hace W.J. Reddin, he incorporado mis propias ideas y mi propio entendimiento:

- Las preferencias o estilos básicos explican las intenciones.
- El impacto, es lo que produce el haber elegido esa preferencia.

A continuación algunas características de cada uno de los estilos.

Estilo Separado

Cuando una persona elige una estrategia de influencia a través de una conducta separada, tiende a ser:

- Sumamente cauta, cuidadosa y conservadora.
- Ordenada a la hora de expresar sus ideas.
- Prefiere las cosas escritas.
- Hace énfasis en los procedimientos, datos, y hechos.
- Busca principios establecidos y metodologías en que basarse o formas para hacer las cosas.
- Exacta, precisa y concreta, se aleja de la ambigüedad.
- Correcta en la forma y perfeccionista en los detalles.
- Constante en la ejecución y tolerante a la frustración.
- Se caracteriza por ser más tranquila, calmada, modesta y discreta en su actuar.

El impacto del estilo Desertor:

Cuando una persona elige una estrategia de influencia *Separada* en una situación que requería otra estrategia, es vista por los demás como:

- Una persona que trabaja según lo fija el reglamento únicamente; que no es consciente que está produciendo lo mínimo.
- Una persona que suele abandonar las cosas, evitándose verse complicada.
- Como las reglas dan la pauta, rehúye a la responsabilidad y al compromiso de dar un paso más.
- Es tan cautelosa la persona, que da pocas opiniones o sugerencias útiles.
- Ante los demás carece de creatividad y originalidad, mostrando así un criterio estrecho frente a las cosas.
- Continuamente pone obstáculos a los demás, y dificulta que las cosas se hagan.
- Se resiste al cambio, no coopera, y se comunica poco.

Algunas características cuando se relacionan con personas:

- No muestran mucho interés en mantener buenas relaciones.
- No siempre dan prioridad al trabajo de sus colaboradores.
- Consideran que con frecuencia se sobre-enfatiza la creatividad, el cambio y la innovación.
- Podrían proporcionar más información útil a otros de la que la que proporcionan.

- Muestran muy poca preocupación por los errores y generalmente hacen poco por corregirlos o disminuirlos.

El impacto del estilo Burócrata:

Cuando una persona elige una estrategia de influencia *Separada* en una situación que así lo determina, son vistos por los demás como:

- Personas obedientes frente a las órdenes, reglas, procedimientos.
- Confiables, dignas de fe por su constancia.
- Disciplinadas en continuar las rutinas, que permiten mantener un sistema y una empresa en marcha
- Observan los detalles con detenimiento.
- Buscan ser eficientes a través de la lógica, la información y la racionalidad.
- Sus juicios suelen ser imparciales, justos y equitativos.

Algunas características cuando trabajan con personas:

- Suelen dar mucha importancia a la formalidad de las reuniones y en consecuencia buenas ideas pueden salir de esa actitud.
- Planean con fina atención a los detalles, cuidando el seguimiento a cada una de las actividades.
- Introducen el cambio formalmente y siguen al pie de la letra cualquier procedimiento establecido.
- Prefieren las comunicaciones escritas con los demás, pues esto garantiza la eficacia del comunicado.

- Responden a los desacuerdos y el conflicto de manera práctica y simplemente refiriéndose a las reglas y a los procedimientos.
- Piensan que las cosas funcionan mejor cuando los colaboradores entienden y siguen las actividades descritas en sus planes, en la descripción de sus responsabilidades o en sus perfiles de puesto.

Estilo Relacionado

Cuando una persona elige una estrategia de influencia *Relacionada*, tiende a ser:

- Orientada a las personas, pues son lo primero.
- Enfatizan el desarrollo y el crecimiento.
- Son informales, tranquilas, no buscan protagonizar.
- Promueven largas conversaciones, frecuentemente promoviendo que otros hablen.
- Consideradas, cálidas y comprensivas con los demás.
- Crean una atmósfera de positivismo.

El impacto del estilo Misionero:

Cuando una persona elige una estrategia de influencia *Relacionada* en una situación que requiere otra estrategia, es vista por los demás como:

- Evasora del conflicto. Posiblemente no hay nada peor para ellas que una discusión álgida.
- Personas excesivamente agradables, amables, cálidas en momentos que requieren de carácter.

- Buscadora continua de la aceptación de sí misma frente a los demás.
- Dependiente de la relación, no puede trabajar focalizada en las tareas sin hablar.
- Facilitan las cosas a los demás, creando una conexión innecesaria y dependiente.
- Evitan iniciar con acción, mostrando pasividad, y falta de carácter cuando se necesita.
- Despreocupados por resultados, normas y controles para no afectar las relaciones.

Algunas características cuando trabajan con personas:

- Tratan a sus colaboradores con gran amabilidad y consideración aun cuando los resultados no se están dando.
- Permiten a sus colaboradores fijar sus propios objetivos, de acuerdo con sus necesidades y los aceptan aun si son algo insatisfactorios y van en contra de la organización.
- Toleran desviaciones en la implementación de planes si esto pudiera crear desagrado.
- Se comunican con otros de manera que mantienen buenas relaciones, sin darse cuenta de que evitar la confrontación crea conflictos futuros.
- Al primer signo de conflicto intentan suavizar las cosas al máximo, prefiriendo posponerlo, sin darse cuenta que lo pueden magnificar en el futuro.
- Consideran que si se presenta un error éste debe corregirse de tal modo que nadie se moleste.

- Con el fin de ser aceptadas, evitarán cualquier toma de decisión desagradable, que los haga impopulares y menos aceptados.

El impacto del estilo Promotor:

Cuando una persona elige una estrategia de influencia *Relacionada* en una situación que así lo determina, son vistas por los demás como:

- Personas que mantienen canales de comunicación abiertos, mismos que producen apertura entre los colaboradores para dar *feedback* y poder mejorar.
- Prestan atención a las necesidades de cada individuo, provocando fidelidad y compromiso.
- Desarrollan el talento de otros, creando competencias para ser más efectivos.
- Buenos entrenadores por su capacidad de diferenciar a cada persona y entregar el conocimiento de la manera más efectiva.
- Comprende a otros y los apoya, creando compromiso.
- Coopera con los demás, creando canales de solidaridad.
- Creadoras de relaciones de confianza.

Alejandro Serralde

Algunas características cuando trabajan con personas:

- Su relación es excelente y se caracteriza por confianza y respeto mutuo.
- Buscan nuevas y buenas ideas y motivan a otros a ser tan creativos como puedan.
- Cuando tienen responsabilidad en la planeación, involucran a otros. Preparan a todos aquellos afectados por un cambio hablando con ellos con suficiente anticipación.
- Cuando surge un conflicto, siempre ayudan a los involucrados a encontrar la base del acuerdo.
- Consideran que la mayoría de los errores surgen por una buena razón y es siempre mejor buscar la razón que concentrarse en el error mismo.

Estilo Dedicado

Cuando una persona elige una estrategia de influencia *Dedicada*, tiende a ser:

- Decidida y confiada en sí misma.
- Iniciadora, activa y pujante.
- Tener carácter para tomar las riendas si se necesita.
- Orientada a la acción y con el compromiso por terminar lo que se inicia.
- Segura de sí misma a la hora de fijar responsabilidades si se necesita.
- Independiente a la hora de ejecutar. Con una filosofía que indica que la tarea es lo primero.

- Partidaria de emplear estímulos, incluidas recompensas, controles y castigos.

El impacto del estilo Autócrata:

Cuando una persona elige una estrategia de influencia *Dedicada* en una situación que requiere otra estrategia, es vista por los demás como:

- Amenazante frente a las desviaciones.
- Orientada a resultados inmediatos.
- Una persona que suele criticar a los demás.
- Impopular y temida por los demás.
- Centralizadora de todas las decisiones.
- Evasora de los sentimientos y las necesidades de otros.
- Exigente al punto de crear una atmósfera de desconfianza en la que es mejor pedir permiso para todo.

Algunas características cuando trabajan con personas:

- Suelen dirigir el trabajo y evita desviaciones de los planes, provocando mucha dependencia en la implementación.
- Ven la planeación como algo de una sola persona y no un proceso interdependiente que requiere integración.
- Piensan que una buena manera de introducir el cambio es anunciarlo y dejar que la gente se someta.
- Observan de cerca la implementación de planes, señalan los errores criticando pero no como un proceso de orientación en las decisiones.

Alejandro Serralde

- Más interesadas en la productividad del día a día, que en la productividad a largo plazo.
- Mantienen la producción a través de una sutil situación de amenaza.

El impacto del estilo Autócrata Benévolo:

Cuando una persona elige una estrategia de influencia *Dedicada* en una situación que así lo determina, es vista por los demás como:

- Decidida al tener la iniciativa requerida en el momento adecuado.
- Enérgica frente a la necesidad de iniciar y terminar las cosas.
- Una persona que constantemente busca optimizar, evaluando cantidades, la calidad, costos y tiempo, creando una atmósfera de mucha productividad.
- Alguien que logra resultados y crea condiciones de progreso en los demás.
- Una buena guía para el aprendizaje.

Algunas características cuando trabajan con personas:

- Exponen claramente a sus colaboradores lo que se espera de ellos.
- Desarrollan y proponen muchas nuevas ideas.
- Muestran que valoran la eficiencia y la productividad y consiguen que los demás se entusiasmen por esto.

- Observan la implementación de planes de sus colaboradores y ayudan y guían directamente cuando se necesita.
- Consideran que un equipo fuerte necesita a un líder con carácter que sepa lo que está haciendo.
- Fijan elevados estándares para sí mismos y para otros.
- Se esfuerzan para que los demás logren sus metas.

Estilo Integrado

Cuando una persona elige una estrategia de influencia *Integrada*, tiende a ser:

- Hábil estimulando el consenso para plantear establecer objetivos, metas y políticas.
- Integradora de las necesidades de un grupo humano con las necesidades organizacionales.
- Oportuna estimulando la participación de las personas, nivelando el poder entre las personas para crear una atmósfera de igualdad.
- Una persona focalizada en el grupo.
- Promotora de métodos colectivos.
- Partidaria de que dos cabezas piensan mejor que una.

El impacto de la Transacción:

Cuando una persona elige una estrategia de influencia *Integrada* en una situación que requiere otra estrategia, es vista por los demás como:

- Alguien que emplea la participación en exceso, provocando confusión.
- Débil y falta de carácter para evitar decisiones que le corresponden a su persona y no al grupo.
- Una persona que cede fácilmente para no afectar a un grupo humano.
- Que evita tomar decisiones o acepta decisiones amorfas.
- Crea confusión por la ambigüedad, causando desconfianza ante los demás, por su propia confusión por no saber emplear la orientación a la tarea o a la relación en el momento adecuado.
- Suele ser idealista y los demás llegan a verle como una persona que habla de dientes para afuera.

Algunas características cuando trabajan con personas:

- Tratan de quedar bien con todos.
- Confunden a los demás porque emplean el enfoque de relación o de tarea, sin saber cuándo hacerlo.
- Hacen un esfuerzo en la planeación, pero los planes no siempre funcionan, porque lo hacen idealizando la realidad.
- Le gusta la idea del trabajo en equipo pero con frecuencia no son capaces de encontrar el modo de

aplicarlo, por su necesidad de buscar quedar bien con todo mundo.

- Algunas veces alientan ideas nuevas pero no siempre les dan seguimiento a todas ellas y por tanto no se cristalizan.
- Establecen objetivos blandos para quedar bien con todos, creando un ambiente complaciente.

El impacto del estilo Ejecutivo:

Cuando una persona elige una estrategia de influencia *Integrada* en una situación así lo determina, son vistos por los demás como:

- Diestras al estimular el consenso frente a decisiones de alta complejidad.
- Eficaces empleando la participación de los demás de forma adecuada y estimulando el compromiso.
- Facilitadoras del mejoramiento continuo.
- Excelentes motivadores porque saben alinear las expectativas humanas y las organizacionales.

Algunas características cuando trabajan con personas:

- Consistentemente obtienen una elevada productividad por parte de sus colaboradores.
- Fijan objetivos conjuntamente con otros, los cuales son claros y aceptados por todos aquellos directamente involucrados.
- Los planes representan el mejor modo de pensar de todos los involucrados.

Alejandro Serralde

- Informan con suficiente anticipación cualquier posible cambio a todos los afectados.

Por lo tanto, ¿cómo aumentar la efectividad del liderazgo?, a través de:

- Un diagnóstico que te permita conocer el estado actual de tus conductas. Adicionalmente, la continua evaluación a través de herramientas como las que mencionamos previamente, y la obtención continua de retroalimentación.
- Planes continuos de mejora conductual, empleando inicialmente las destrezas de análisis situacional.
- Participando en programas de descongelamiento como el Seminario de Efectividad 3-D o el *Leadership Acceleration Program* para desmantelar los mecanismos de defensa que te inhiben cambiar.
- Practicar la flexibilidad de estilos en el trabajo conscientemente.
- Evitar la efectividad aparente y la efectividad personal.

¿Qué es la Efectividad Aparente y la Efectividad Personal?

W.J. Reddin (1989) en su libro *The Output Oriented Manager* dice: "es difícil, o un tanto imposible juzgar la efectividad a partir del comportamiento. Los comportamientos deben de ser evaluados en términos de la alineación que éstos tienen a los resultados del puesto".[107] Algunos atributos sin embargo, aun cuando pueden ser positivos, no generan resultados.

Otros de ellos son necesarios para hacer el trabajo y se tienen que hacer, más no son garantía de éxito. Por ejemplo, hay personas que son puntuales, contestan sus correos electrónicos muy rápidos, mantienen un orden inmaculado en sus mesas de trabajo, toman decisiones rápidas y son buenos publicistas de su acción. Todo lo anterior son atributos positivos, pero no garantizan la efectividad real. El problema ocurre cuando estos atributos son continuamente evaluados como parte del proceso de evaluación del desempeño. En otras palabras, podríamos definir a la efectividad aparente como el grado en el que una persona le agrega buena apariencia a su efectividad.

De acuerdo con uno de los libros más vendidos de Reddin, *Managerial Effectiveness*, existen Desertores ambiciosos, que buscan evaluar las formas, las maneras, la educación, y no el impacto de la conducta. Claramente al ser Desertores, son menos efectivos y no conducirán a la Efectividad Real sostenidamente, pero insisten en cuidar las formas.

---

[107] W.J. Reddin, «The Output Oriented Manager», *Gower Publishing Company*, 189.

Alejandro Serralde

Medio Siglo de Efectividad Gerencial

La efectividad personal es el grado en que una persona cubre sus objetivos personales. Existen personas que se focalizan en satisfacer sus propios objetivos, que en ocasiones van en contra de sus objetivos gerenciales. Por ejemplo, personas ambiciosas, que fueron contratadas para crear nuevas capacidades en sus equipos de trabajo, crecimiento en sus colaboradores y procesos más eficientes, no dedican el tiempo a crear valor en estos resultados y están preocupados únicamente por sus agendas personales.

En ocasiones, gerentes ambiciosos que se focalizan en alcanzar sus objetivos personales, pueden llegar a manipular la situación para satisfacerse. Ejemplo de esto puede ser: búsqueda de poder, búsqueda de estatus o una promoción. A esto se le llama manipulación situacional.

Alejandro Serralde

Boehringer Ingelheim, una relación de más de 35 años.

Boehringer Ingelheim, es una de las empresas farmacéuticas más importantes del mundo. Se especializa en enfermedades respiratorias, oncología, metabolismo y el sistema nervioso. Fue fundada en 1885 y a diferencia de la mayoría de las compañías farmacéuticas, Boehringer no cotiza en bolsa. Sigue siendo una empresa controlada por las familias: Boehringer, Liebrecht y Von Baumbach.

Desde 2002, Patricia Gómez Belmont ha trabajado en diversas posiciones incluidas comunicaciones, *learning & development*, *diversity & inclusion* y desarrollo organizacional en Estados Unidos, México y hoy día encargada de la región: México, Centro América y Caribe. Es una líder promotora de la efectividad, la diversidad y la inclusión. Se ha apoyado continuamente de las herramientas Reddin para muchos propósitos. "Tengo que asegurarme de agregar valor a mi organización a través de herramientas científicamente probadas como las que ofrece Reddin Assessments",[108] comenta Patricia (2020).

La relación entre Boehringer Ingelheim y nuestra Organización inicia en 1985. Es un cliente que prácticamente ha utilizado todos nuestros servicios. Patricia define la implementación de las herramientas Reddin como rigurosas, focalizadas en la efectividad y de gran aporte de valor porque son una revelación constante de los que está sucediendo. A continuación resumimos algunos de los proyectos implementados.

---

[108] Gómez Belmont, Patricia. Entrevista personal. Abril 2020.

Aplicación de la Encuesta de Clima para subcategorizar y focalizar la atención en equipos.

Boehringer Ingelheim siendo una empresa de casi 50,000 empleados, utilizan una herramienta global de medición de clima, misma que funciona muy bien para proveer información generalizada, pero no necesariamente permite obtener información particular de un equipo de trabajo, comenta Patricia.

La aplicación de la Encuesta de Clima de Reddin Assessments ha permitido evaluar a pequeños grupos y con ello obtener información clave para procesos de *team building* puesto que provee información detallada del equipo. Los indicadores globalizados, no son tropicalizados y lo que ocurre en promedio en todo el mundo, no explica lo que sucede localmente. Por esta razón Patricia comenta: "es muy valioso aplicar la Encuesta de Clima localmente para identificar áreas de mejora que ocurren en los equipos locales".

Aplicación del Perfil de Requerimientos para orientar las decisiones de sucesión.

Existe en Boehringer Ingelheim una reunión regional en la que se tiene una conversación de muchas horas sobre el talento en la compañía frente a ciertas posiciones clave. Previo a la reunión, se analiza a través del Perfil de Requerimientos las conductas demandadas de ciertas posiciones estratégicas. Esta información es almacenada en la plataforma Reddin y después contrastada frente a las personas que han contestado los Diagnóstico de Efectividad (Gerencial y Ventas). De la brecha entre los requerimientos y la conducta actual de las personas

Alejandro Serralde

se obtiene un algoritmo llamado FLEX que en un número permite pronosticar el grado de éxito de cada persona frente a la posición.

"La aplicación de este análisis ha permitido eliminar la subjetividad en las decisiones, además del aporte de Reddin se correlacionan los resultados con el *test* de Ned Herrmann, así como un valor de 360, y los resultados son extraordinarios", comenta Patricia. En esta reunión, han podido resumir a través de números el instrumento de: Reddin, *Herrmann* y 360, provocando objetividad en la reunión y velocidad. "Reddin Assessments tiene absoluta credibilidad en los líderes de Boehringer y si contratamos a un *coach* externo o utilizamos un *coach* interno, lo primero que hacemos es utilizar el perfil de Reddin como punto de partida".

El descongelamiento de los programas Reddin para crear consciencia, la base del liderazgo.

Boehringer Ingelheim ha desarrollado programas gerenciales muy exitosos. Tiene acceso a los mejores consultores del planeta y a las investigaciones en *management* más completas. "Una de las mejores prácticas que hemos desarrollado ha sido la de co-diseñar y co-instruir programas con Reddin", comenta Patricia. La confiabilidad de los programas de descongelamiento, permite a las personas ganar consciencia. Cientos de personas han cursado los programas: *Leadership Acceleration Program* y Seminario de Efectividad 3-D desde 1985.

La opinión de Patricia frente al devenir de los programas de descongelamiento seguirá existiendo por muchos años más. No importa que estemos en un periodo de recesión, de crisis,

Alejandro Serralde

las organizaciones van a seguir requiriendo líderes. Muchas empresas han venido optando por trabajar desde casa.

¿Por qué la gente requiere de una oficina y se le complican las cosas cuando trabajan desde casa? No han sido diestras descubriendo el propósito de su rol, a lo que Reddin llama Áreas de Efectividad y por tanto, la planificación, es carente de efectividad. Desde casa, aquellas personas con un alto nivel de efectividad aparente, no tienen foro para lucirse y en consecuencia, su falta de efectividad real es totalmente evidente, comenta Patricia. Solamente las personas que han vivido un proceso de consciencia, son capaces de navegar momentos de ambigüedad e incertidumbre. Más de 400 *managers* participaron en un entrenamiento que diseñó Boehringer y en el que se incluyeron temáticas e instructores Reddin y los resultados permitieron:

- Aumentar la flexibilidad en la conducta.
- Enseñar la ciencia de la planificación en resultados que agreguen valor.
- Ganar conciencia sobre el liderazgo de cada participante.

Durante este periodo, la compañía local tuvo los mejores números de la historia.

La estructura y la evidencia de los números, es lo que permite cambiar.

Boehringer Ingelheim al igual que muchas empresas farmacéuticas, tienen un área de marketing, un área de *trade-marketing* y un área de ventas. Las tres áreas trabajan codo con codo en la ejecución de estrategias para crecer en volumen. Frente a la pregunta: ¿quién responde al crecimiento en ventas? frecuentemente las tres áreas se adjudican el crecimiento a su área y esto desemboca en un conflicto. No es un conflicto de origen actitudinal, sino estructural. ¿Cómo corregirlos? Esta fue la solución:

1) Se diseñó una sesión de 2 días con el objetivo de clarificar las Áreas de Efectividad, Métodos de Medición, Objetivos y Planes a través de discusiones consensuadas en donde participaron los grupos de Marketing, Ventas y *Trade Marketing*.
2) Además de crear los insumos estructurales, se crearon elementos de consciencia y se diseñaron los comportamientos requeridos por cada área.
3) Se establecieron objetivos de éxito a través de una estrategia *interteam*.
4) Se evaluaron los avances, con calendarios específicos y facilitados por un instructor.

"Las sesiones Reddin, en muchas ocasiones incomodan por la revelación de la efectividad y el efecto que provoca la evidencia de efectividad aparente en algunas personas", comenta Patricia. Para los diseños de las sesiones creamos consciencia a través de la pregunta: **¿qué es lo que más le conviene al negocio?** Y con base en esta pregunta se toman las decisiones. En el mundo de los negocios de hoy, a esto se le llama: *selflessness* en inglés, lo que significa decisiones desinteresadas del individuo y focalizadas en la organización.

Una historia de 25 años en Pepsico, ING, Cablemás y Medix.

Edgar Rosas es un referente en el mundo de Recursos Humanos y experto en orientar a las empresas para pertenecer a las listas de los mejores lugares para trabajar (*Best Place to Work Companies*). Tiene una asombrosa carrera de casi 30 años, de los cuales 25 años han sido acompañados de las herramientas Reddin. Ha sido conferencista, ocupando puestos de alta dirección y llevado a grandes compañías a ganar premios y convertirse en referentes.

En 2013 fue nombrado como el Mejor Ejecutivo de Recursos Humanos por Amedirh (Asociación Mexicana en Recursos Humanos A.C.). Además de ser consejero de Amedirh, es Presidente de la Asociación de Profesionales de Recursos Humanos de la Industria Farmacéutica y de la Salud (Aprhifac), entidad que agrupa a más de 50 empresas de este ramo que busca la difusión de mejores prácticas. Recientemente recibió de la revista Mundo Ejecutivo dentro de los mejores 10 *Chief Human Resources Officers (CHRO)* de México.

Inició su carrera en Pepsico, empresa que considera una de las mejores escuelas y ahí mismo tuvo su primera experiencia con nuestra firma. "Yo particularmente era un gerente joven, pero Pepsico llevaba mucho tiempo enviando participantes al Seminario de la Efectividad Gerencial 3-D, y aunque no sabía mucho del programa, Reddin era toda una institución en Pepsico",[109] comenta. Pepsico fue uno de los grandes clientes de Reddin y cientos de gerentes participaron en el Seminario 3-D.

---

[109] Rosas, Edgar. Entrevista personal. Abril 2020.

Edgar (2020) dejó Pepsico para tener un breve pero importante recorrido en ING, empresa que también trabajaba con las herramientas Reddin, pero una vez más, no tuvo mucho contacto. Más tarde llega a Cablemás, empresa en la que logra revolucionar el departamento de Recursos Humanos en medio de un entorno de mucho crecimiento en el que se necesitaba orden, disciplina y la creación de una cultura de trabajo.

Crear una cultura de efectividad, crecer un negocio y años más tarde venderlo a un buen precio.

"Todo inicia con una sesión de Planeación Estratégica que tuvimos con Carlos Álvarez, Presidente de Cablemás, su equipo y tu Padre. Queríamos una fórmula de liderazgo que se pudiera operar en 2,500 personas". Los impactos de la sesión estratégica, llevan a Carlos Álvarez a convertirse en un fanático del modelo de liderazgo Reddin y los procesos que llevan a crear una cultura de efectividad.

Cablemás pasó de tener 2,500 empleados a 8,500 y de estar en 32 ciudades a tener cobertura en 85 puntos. Durante los años de trabajo con Reddin, se llevaron a cabo 5 sesiones de planeación estratégica. Además, todo el grupo de directores vivieron el Seminario de Efectividad Gerencial 3-D y una buena cantidad de gerentes vivieron el *Leadership Acceleration Program*. La masa crítica conseguida de cientos de personas metidas de lleno en la efectividad, permitieron impresionar a Televisa, quien hizo una oferta muy atractiva y Cablemás fue adquirida en 2013. "Tuvimos los mejores años de nuestras vidas, logramos crear una cultura de trabajo de alineación, ejecución y efectividad".

Para la siguiente parada de mi carrera una muy buena sorpresa, usaban las herramientas Reddin; la historia en Medix y la efectividad.

La llegada de Edgar a Medix tuvo una grata sorpresa, ya habían iniciado un proceso de transformación a través de las herramientas Reddin. Medix es una empresa orientada a la investigación, desarrollo, fabricación y comercialización de productos químicos farmacéuticos para el tratamiento de sobrepeso y obesidad.

Se utilizó el Laboratorio de Efectividad en equipo para establecer Áreas de Efectividad, Métodos de Medición y Objetivos alineados a una estrategia de expansión muy agresiva que buscaba entre otras cosas internacionalizarse. "Esto permitió homologar una cultura organizacional" y en el área comercial se vieron resultados muy rápido después de participar en el Seminario de Efectividad Gerencial 3-D".

Medix, al igual que muchas empresas cuando empiezan a crecer, implementan sistemas de gestión que únicamente traen consigo exceso de burocracia, incluidos CRMs, ERPs y softwares sofisticados que si bien estandarizan el modo de operar, si se manejan inadecuadamente, sume a la gente en la burocracia. Esto se rompió con las Áreas de Efectividad.

Adicionalmente, Medix ha venido utilizando la plataforma de Reddin Assessments desde hace más de 10 años. A diferencia de otros clientes, Medix nos solicitó desarrollar un módulo especial en el que medimos competencias específicas y eso ha facilitado que a la hora de contratar personas, se puedan medir el grado de dominio de ciertas competencias. "Nuestras decisiones de contratación han sido muy acertadas gracias a este desarrollo. Utilizamos estilos Reddin, competencias, perfilamos puestos utilizando el Perfil de Requerimientos Gerenciales y de Ventas y con ello nos blindamos en el proceso de selección", comenta Edgar.

La felicidad y la efectividad confluyen.

Edgar Rosas ha sido un promotor de sistemas humanos basados en efectividad y felicidad. "Nosotros utilizamos el Perfil de Requerimientos para alinear a la persona con el puesto. Sabemos que hay tareas que entusiasman mucho más a las personas que otras tareas. El aporte de la flexibilidad de estilo de Reddin es magnífica porque si las personas saben adaptar su conducta y sus preferencias al diverso número de situaciones, serán más felices.

Edgar cree que el éxito del Seminario de Efectividad Gerencial 3-D recae en su complejidad. "Las personas tienen que estudiar mucho, se desvelan, se cansan, se estresan y cuando terminan, invariablemente salen del seminario diferentes". Compara los resultados de estar en forma (que duelen) con las introspecciones que uno adquiere al descongelarse.

El futuro de Recursos Humanos

"Recursos Humanos siempre ha tenido el reto de medir el retorno que tienen las inversiones en entrenamientos. Los programas Reddin continuamente proveen visibilidad gracias a sus herramientas". Edgar no sugiere hacer inversiones en cursos que no lleven a un cambio de la conducta y que no permitan medir el impacto en la efectividad. Piensa que en la era digital, se ha sobre abusado del entrenamiento virtual y los programas requieren interacción y confrontación. "El descongelamiento no tiene precio, aunque algunas personas lo resienten, uno inicia un domingo, termina un viernes, pero en realidad ese viernes es el principio de la transformación".

7

Herramientas para aprender a leer la situación

> *«Las personas quieren ser exitosas. El trabajo de un gerente es crear situaciones para que eso ocurra.».*

W.J. Reddin

Has llegado al capítulo que cuenta con un grado de complejidad mayor, pues está lleno de infinidad de terminologías que trataré de simplificar al máximo. La mayoría de las ideas de este capítulo, han sido aprendidas del Dr. Robin Stuart-Kotze.

Alejandro Serralde

Medio Siglo de Efectividad Gerencial

Reddin y Stuart-Kotze co-escribieron, *Effective Situational Diagnosis*, un libro de aprendizaje programado basado en la Teoría 3-D, mismo que permite obtener un mapa situacional de los requerimientos esperados por una situación específica.

Proponen que existen 5 demandas (o fuerzas) situacionales compuestas de comportamientos específicos o componentes que a su vez fueron agrupados en los estilos Reddin (Separado, Relacionado, Dedicado e Integrado). Dentro de las 5 demandas se encuentran las siguientes:

- La influencia de la cultura organizacional en el estilo.
- Las expectativas de tu superior.
- Las expectativas de tus colaboradores (o subordinados).
- Las expectativas de tus colegas.
- Las expectativas de la tecnología del trabajo, o naturaleza de las tareas gerenciales.

Siemens, empresa alemana líder mundial, que desde hace más de 30 años utiliza en sus programas de desarrollo gerencial el Seminario de la Efectividad Gerencial 3-D, agregó dos demandas adicionales, gobierno y cultura nacional, para hacer un mapa situacional aún mucho más profundo ligado a sus necesidades.

La propuesta de Stuart-Kotze y Reddin sigue siendo utilizada en muchos programas de desarrollo, además la hemos podido adaptar para aplicarla a:

- Diseño de puestos
- Diseño de reuniones
- Diseño de estrategias de negociación

Stuart-Kotze (1980) escribió el libro *Introduction to Organizational Behavior* e indica que analizar la situación

Alejandro Serralde

permite entender todos los factores que pueden afectar el resultado de las acciones o las decisiones.[110] Algunas acciones pueden estar orientadas a la reorganización del trabajo de un grupo humano para que ellos puedan trabajar más fácilmente, o bien a dedicar tiempo entrenando a las personas para que sean más productivas. El entender la situación orientará de una manera más efectiva qué decisión es la mejor.

Como lo explica en su libro, una de las ventajas del análisis situacional, es poder aumentar el nivel de percepción, que se refiere a la manera en la cual percibimos las cosas después de pasar por un filtro que incluye nuestras creencias, valores, metas, necesidades del momento, sentimientos, experiencias pasadas o simplemente características físicas. Todo lo anterior puede sin duda alterar la manera de ver la realidad y la distorsiona (*short bias*) Por lo tanto, acudir a herramientas estructurales puede ser una vía asertiva para orientar estas decisiones.

Los modelos propuestos, que incluyen en el caso de Reddin, cinco demandas situacionales y en el caso de Stuart-Kotze (1980), ocho, me han enseñado, con el paso del tiempo, a sintetizar las demandas para evitar volver el análisis demasiado complejo y generar deserción y no hacerlo porque no lo entendemos.

Un mundo tan dinámico y cambiante requiere de muchas decisiones al día. El número de reuniones al día acompañado de correos electrónicos, y la comunicación a través de WhatsApp, no favorece que las personas realicen análisis situacionales con el rigor necesario.

---

[110] Stuart-Kotze, R. «Introduction to Organizational Behavior: a situational approach», *Prentice Hall*, 1980

Alejandro Serralde

Por esta razón, mi propuesta ha sido simplificar el modelo que Reddin utilizó para describir las demandas situacionales y sus componentes y poderlo aplicar de una manera sistemática en:

- Gerentes
- Vendedores
- Personal sin gente a cargo

Para los gerentes, agrupe las demandas situacionales en las siguientes:

1. **Las responsabilidades gerenciales**, cuyos componentes incluyen: evaluación, estándares, tipo de tareas, compromiso y requerimiento.
2. **Las demandas de relacionamiento** que incluyen los siguientes componentes: interacción, involucramiento, orden, colaboración y cultura de trabajo.

Para vendedores, he agrupado las demandas situacionales en las siguientes:

3. **Las demandas derivadas del tipo de producto a vender**, que incluye los siguientes componentes: tipo de interacción requerida, tipo de venta, orientación de la venta, atención requerida y proceso de venta.
4. **Las expectativas del cliente**, cuyos componentes incluyen: prioridades, involucramiento, orden, colaboración y cultura de trabajo.

Medio Siglo de Efectividad Gerencial

Para contribuidores individuales o personal que no tiene gente a su cargo, he agrupado las demandas situacionales en las siguientes:

5. **Las demandas de tarea** que incluyen los siguientes componentes: foco de las tareas, naturaleza, razón de ser, requerimientos y compromiso requerido.
6. **Las expectativas de las personas** cuyos componentes están expresados de la siguiente manera: lo que espera el jefe, responsabilidades, propósito, expectativas y cultura de trabajo

Las demandas las he agrupado en cuatro cuadrantes a los que he llamado de la siguiente manera:

*   **Las conductas de aseguramiento** son aquellas que ayudan a que las cosas funcionen y se mantienen establemente en el tiempo.

*   **Las conductas desarrolladoras** ayudan a crear ambientes de trabajo favorables para hacer crecer a la gente, delegando responsabilidades a quienes son capaces.

*   **Las conductas de iniciativa** permiten iniciar, dar dirección, organizar y asegurar que las cosas se hacen, dentro de tiempos límite.

*   **Las conductas colaborativas** ayudan a promover el trabajo en equipo para la resolución de problemas complejos, impulsando el consenso selectivamente.

Alejandro Serralde

Responsabilidades Gerenciales

En el siguiente recuadro se pueden ver agrupados los comportamientos por su naturaleza: Aseguramiento, Desarrolladoras, Iniciativa y Colaboración. Algunos están subrayados porque son requeridos por la situación del gerente.

	Desarrolladoras	**Colaboración**	
	• Evaluar las tareas estando atento de escuchar. • Dar libertad para que otros sigan sus propios estándares. • Las tareas requieren creatividad. • Las personas esperan reconocimiento por el esfuerzo y sacrificio. • La tarea requiere dar libertad en los métodos de trabajo.	• Evaluar el resultado producido por la interacción. • Promover que los estándares y métodos sean establecidos en grupo. • Las tareas requieren de múltiples soluciones. • Las personas requieren colaborar para resolver problemas complejos. • Las tareas requieren de reuniones para resolver asuntos en donde existe interdependencia.	
Aseguramiento	• Evaluar el grado de conocimiento. • Asegurar que el estándar de tareas siga un cronograma. • Las tareas son estructuradas y requieren seguimiento • Las personas esperan procedimientos establecidos para generar autonomía • La tarea requiere del seguimiento de procedimientos simples a realizar.	• Evaluar el grado de logro. • Asegurar estar prevenido de la existencia de acontecimientos no programados. • Las tareas son poco estructuradas y requieren directivas. • Las personas esperan directrices en momentos clave. • Las tareas requiere directrices para que las personas se desplacen.	**Iniciativa**

Esto quiere decir que éste gerente en su situación presente requiere de sus subordinados (1) evaluar las tareas estando atento de escuchar por mucho tiempo, (2) dar libertad para que otros sigan sus propios métodos, (3) estimular la creatividad porque sus tareas así lo requieren, además (4) que las personas en su equipo requieren colaborar porque tienen que resolver problemas complejos y (5) las tareas requieren de reuniones para resolver asuntos en donde existe la interdependencia.

Alejandro Serralde

Medio Siglo de Efectividad Gerencial

Si el gerente desea ser efectivo frente a las demandas Desarrolladoras y de Colaboración, va a requerir del gerente utilizar comportamientos Relacionados e Integrados y esto traerá altas probabilidades de conseguir ser efectivos y por tanto ser **Promotor – Ejecutivo.**

Alejandro Serralde

Demandas de Relacionamiento

Adicionalmente es necesario evaluar las expectativas de relacionamiento, es decir: lo que los demás esperan de nuestra conducta bajo el contexto cultural de la organización. Para ello hemos realizado una clasificación siguiendo el mismo método.

Desarrolladoras	**Colaboración**
• Depositar toda mi confianza en los demás para que sean ellos quienes ejecuten. • Escuchar puntos de vista, razones y diferencias. • Aceptar que las tareas se pueden hacer de varias maneras. • **Elevar el estado de ánimo para aumentar el compromiso.** • **Estar atentos a brindar apoyo y consejo cuando se me pide.**	• Promover reuniones y métodos participativos. • Motivar grupalmente. • Estimular la innovación en las tareas. • Promover la participación y el consenso en la toma de decisiones complejas. • Integrar a varias personas para colaborar mucho.
Aseguramiento	**Iniciativa**
• Ser diligente al revisar documentos. • Ser analítico para medir avances. • **Administrar continuamente.** • **Controlar que se sigan los acuerdos.** • **Mantener transparencia en lo que se hacen.**	• Dirigir continuamente los esfuerzos hasta asegurar que las cosas se hicieron. • Ser muy objetivo evaluando resultados. • Organizar el orden de las prioridades. • Tomar frecuentemente la iniciativa para acelerar que las cosas se hagan. • Una filosofía de todo lo que se inicia, se termina.

Vamos a suponer que frente a las personas alrededor del gerente se requiere que (1) eleve continuamente el estado ánimo de las personas para aumentar el compromiso, (2) brinde apoyo y consejo, cuando se le pide, pero que además (3) sea sumamente diligente al administrar, (4) controlar acuerdos y (5) mantener transparencia de lo que se hace.

Si el gerente desea ser efectivo frente a las demandas de Aseguramiento y Desarrolladoras, va a requerir del gerente, utilizar comportamientos Relacionados y Separadas y esto traerá altas probabilidades de conseguir ser efectivos y por tanto ser **Burócrata – Promotor.**

Conclusión

Derivado de las responsabilidades gerenciales encontramos entonces la necesidad de utilizar conductas desarrolladoras de talento, y de colaboración. De las demandas de relacionamiento se esperan comportamientos de aseguramiento y desarrolladores de talento. Como lo muestra la siguiente figura, la situación requiere una síntesis de los siguientes comportamientos:

Comportamientos orientados al Talento	Comportamientos de Colaboración
Comportamientos orientados al aseguramiento	Comportamientos de Iniciativa

Alejandro Serralde

Medio Siglo de Efectividad Gerencial

Si el gerente quiere ser efectivo, entonces deberá influir con estos comportamientos. En otras palabras, la persona deberá ser disciplinada, pero también cálida y debe saber trabajar en equipo. Sus intenciones deberán ser Separadas, Relacionadas e Integradas como lo muestra el siguiente cuadro.

Relacionado	Integrado
Separado	Dedicado

Si el gerente influye de esta manera, entonces el impacto de su conducta será más efectivo y por tanto será un Burócrata, Promotor y Ejecutivo, como lo muestra el siguiente cuadro.

Promotor	Ejecutivo
Burócrata	

El gerente para cubrir entonces esta situación deberá ser flexible porque tiene que utilizar 3 estilos. A continuación describiremos estos conceptos.

Alejandro Serralde

Situaciones que requieren un amplio repertorio y gerentes flexibles.

La situación que hemos elegido previamente nos demuestra que requiere conductas de aseguramiento, pero también conductas de desarrollo y colaboración. Por lo tanto el gerente requiere abrirse a cambiar continuamente para satisfacer estas demandas. Un gerente flexible es un gerente con un rango amplio de conductas. En su libro *the Best of Bill Reddin* (1985) [111] se describe que los gerentes flexibles, suelen:

- Tolerar la ambigüedad y estar además listos para comportarse efectivamente en situaciones poco estructuradas.
- No estar preocupados por el poder y el control.
- Tener un sistema de creencias abierto y además ideas poco fijas.
- Interesarse por otros.

Las personas flexibles no suelen perder el control frente a rápidos cambios que muchas veces son poco anticipados. Favorecen reportes cortos, reglas de operación modificables y además un sistema abierto de planificación. La flexibilidad trae consigo una atmósfera de cambio, en la que se escucha a los colaboradores, más que al jefe. Existe un ambiente donde no se le da importancia al poder, ni tampoco a simbolismos de status. Un gerente flexible, es un gerente con una filosofía optimista frente al futuro, buscar las maneras de que las cosas sucedan (mentalidad de sí se puede), en las que es mejor

---

[111] W.J. Reddin, «The Best of Bill Reddin» *Tamarisk,* 1985.

operar abiertamente el cambio, sin que la estructura se anteponga. La apertura hacia puntos de vista diferentes, lo hacen poco poseedor de un conjunto de creencias preconcebidas. Prefiere no tener una posición absolutista, sino poder resumir, sintetizar y tomar lo mejor de cada mundo. De una persona flexible, uno encontrará apertura a escuchar, a poder debatir y tolerar el punto de vista aun cuando se antepongan frente al suyo. No tienen necesidades personales que demostrar, ni ideología que satisfacer.

El gerente flexible tiene interés en involucrarse en la planeación y en la toma de decisiones, tratando de alinearse con sus colaboradores, estimulando el consenso. Además, tiene un grado elevado de orientación a las relaciones y sabe distinguir las diferencias individuales, tratando a cada persona de manera diferente y aprovechando esas diferencias para enriquecer las decisiones.

Existen algunas posiciones que requieren por su naturaleza mucha flexibilidad. Algunas características de posiciones que requieren alta flexibilidad:

- Posiciones gerenciales de alto nivel.
- Posiciones en donde existen pocos procedimientos.
- Tareas poco estructuradas.
- Decisiones completamente nuevas (no rutinarias).
- Ambientes muy cambiantes.
- Posiciones gerenciales en donde no se cuenta con mucho poder.
- Estructuras donde existe mucha interdependencia.

Por ejemplo, el Director de una agencia de creatividad requiere ser Flexible porque tiene que dirigir personal creativo, administrar cuentas, proveer un clima apropiado, ser vendedor de ideas continuamente, ser exigente en costos, utilidades, planeación y desarrollo de personas.

Algunas características del gerente flexible:

- Orientado a la realidad, optimista y objetivo.
- Sensible, colaborador y tolerante.
- Interdependiente, involucrado y persona de equipo.
- Orientado a colegas, justo, situacionista y adaptativo.
- Mente abierta, adaptable socialmente, en busca de experimentar, práctico.
- Utiliza todos los estilos o por lo menos 3. Todos los que utiliza lo hace cuando la situación lo demanda, no cuando se le ocurre.

Para aquellas personas, que desean aprender **¿cómo identificar estos rasgos en nuestros diagnósticos?** En el perfil de estilos, la persona debe de tener 3 colores que reflejan los estilos (de alta o baja) en una altura de soporte (55 percentiles) o dominante (+65 percentiles) y además una efectividad de su liderazgo alta o muy alta (E>=2.3).

Un amplio repertorio de conductas en situaciones inapropiadas provoca deriva.

Un amplio repertorio de conductas (3 o 4) en situaciones que no lo demandan provoca deriva y esto puede conducir a muchos riesgos. La deriva se puede caracterizar por un exceso de formas de pensar, pero sin tener un marco de referencia. Algunas personas se podrían referir a un gerente derivado como un gerente sin personalidad. Es servil independientemente de la situación en la que se encuentra. Cada cambio podría causar una sobre-reacción. No tiene identidad propia, por lo tanto la situación y los cambios lo pueden influenciar mucho.

Un gerente con deriva buscará respuestas positivas de la gente alrededor. Suele ser excesivamente sensible frente al rechazo de los demás. Por esta razón, busca ser aceptado en todo momento y trata de aceptar absolutamente todas las ideas, por más mediocres y absurdas que puedan ser.

Para tratar de evitar la adversidad, se compromete a una infinidad de planes, que no puede seguir, metas que no son alcanzables y responsabilidades que no cumple. Por esta razón la gente puede llegar a desconfiar mucho y verle como un charlatán, que habla mucho y actúa poco. Sus colaboradores una vez que ven que el gerente derivado ha tomado una decisión, saben que esta se revisará una y otra vez, dado que el gerente tendrá dificultad para asumir una postura firme.

Medio Siglo de Efectividad Gerencial

Algunas características del gerente con deriva:

- No se compromete, procrastina, desorganizado.
- Indeciso, hace muchas promesas.
- Dependiente, complaciente, conformista y poco predecible.
- Inconsistente, suele no cumplir las fechas prometidas.
- Evita la adversidad, habla de dientes para afuera.
- Suele ser errático, muy sensible y evita el rechazo.

Para aquellas personas que desean aprender **¿cómo identificar estos rasgos en nuestros diagnósticos?** En el perfil de estilos, la persona debe de tener 3 colores que reflejan los estilos (de alta o baja) en una altura de soporte (55 percentiles) o dominante (+65 percentiles) y además una efectividad de su liderazgo moderada, baja o muy baja (E<2.3).

Alejandro Serralde

Situaciones que requieren un limitado repertorio y gerentes elásticos.

Para aquellas personas que han logrado entender la relevancia del contexto situacional, podrán entender fácilmente **¿por qué la flexibilidad no es efectiva en todos los contextos?** Ya vimos que un amplio repertorio de conductas en situaciones inapropiadas, crea deriva y las repercusiones pueden ser muy grandes. Existen situaciones que demandan:

- Muy poca ambigüedad y que las personas se sientan cómodas en espacios estructurados.
- Ambiente controlado con afinidad hacia el poder.
- Un modelo de ideas predeterminadas con un patrón que produzca un sistema de creencias fijo.
- Interés por una vía.

Existen momentos que demandan organizar con una muy baja tolerancia a la ambigüedad, en los que es mejor tener claridad en absolutamente todo. Para poder llegar a ello, se necesita impulsar hábitos, precisión en los estándares, trabajo de seguimiento y poca tolerancia ante las inconsistencias. Esto frecuentemente crea consistencia en la productividad, en los acuerdos y en la manera de dirigir.

Los gerentes elásticos son sensibles a las diferencias existentes del poder: más responsivos a los jefes que a los colaboradores. Rápidamente identifican un cambio de status y suelen saber obedecer. Ante una orden o un cambio en la estrategia, suelen canalizar rápidamente, sin perder tiempo. La identificación con la organización es muy alta, por lo tanto el cumplimiento de las labores es la prioridad más importante. Así mismo, suelen seguir al pie de la letra el canal de comunicación guiado por la estructura organizacional. La influencia es de tipo formal, para evitar cualquier tipo de ambigüedad. Pueden ser sin duda amigables (aun sin una alta orientación a las relaciones) porque suelen usarlo como método de control y ser amigable ayuda a controlar.

Los gerentes elásticos tienen un sistema de creencias firmes, es blanco o negro, pero los matices, no son muy aceptables. Prefieren una manera sencilla y clara de ver la vida. Por ejemplo, tienen una preferencia al trabajo independiente y una manera de relacionamiento con otros a través de vías formales. El autocontrol o auto-gobierno les permite ser pacientes y diplomáticos y esto crea estabilidad en sus relaciones.

Existen puestos que por naturaleza, requieren de elasticidad, por ejemplo:

- Posiciones en las que existen tareas específicas.
- Ambientes poco cambiantes.
- Trabajos con muy poca interdependencia.
- Procedimientos claros.
- Rutinas.
- Automatización.
- Autonomía en el proceso de decisión.

Por ejemplo, un contador, tiene un número de tareas clave que realizar, mismas que no se pueden cambiar. Trabajan en un ambiente predecible: independientemente del país, siempre existirá el cierre de un año fiscal (aunque sea diciembre, junio o septiembre). Además se requiere de procedimientos claros para poder influir en contadores jóvenes. Las decisiones pueden ser guiados por la normatividad y si requieren un criterio más amplio, solamente ciertas personas pueden decidir, por lo tanto, la estructura guía ciertas decisiones.

Las personas elásticas pueden tolerar el estrés porque se han dotado de defensas emocionales e intelectuales para blindarse. Son confiados en sí mismos y estables emocionalmente. Los gerentes con elasticidad son efectivos en decisiones poco placenteras, por su orientación a la organización. En ocasiones son vistos como exigentes, pero al mismo tiempo asertivos. Por lo tanto suelen ser buenos jefes y colaboradores (o subordinados).

Algunas características del gerente elástico:

- Mucha fuerza de voluntad.
- Ordenados, estables y disciplinados.
- Sistemáticos, decisivos, y crean confianza a su alrededor.
- Saben tomar decisiones rápidamente, tolerando el riesgo con persistencia.
- Saben simplificar las cosas.
- Confiados en sí mismos.
- Las metas las tienen claras, pueden trabajar individualmente y entregar el alma para lograr resultados.

Para aquellas personas, que desean aprender **¿cómo identificar estos rasgos en nuestros diagnósticos?** En el perfil de estilos, la persona debe de tener 1 o 2 colores que reflejan los estilos (de alta o baja) en una altura de soporte (55 percentiles) o dominante (+65 percentiles) y además una efectividad de su liderazgo alta o muy alta (E>=2.3).

Un limitado repertorio de conductas en situaciones inapropiadas provoca rigidez.

Un limitado repertorio de conductas (1 o 2) en situaciones que no lo demandan provoca rigidez y resistencia al cambio. Suelen ser vistos por otros como personas de mente cerrada. Son intolerantes a la mayoría de las ideas, deficientes escuchando. Utilizan la inteligencia para involucrarse en argumentos, siendo lógicos, racionales pero sin que esto agregue mucho valor.

Generalmente las personas rígidas están preocupadas por satisfacerse a sí mismas, que a la propia situación. Su ideología es la máxima expresión de las ideas y por lo tanto no existe espacio para una forma de pensar diferente. Parecen prejuiciosos ante los demás, si tienen una forma de pensar diferente a la de ellos, pudiendo ser percibidos como anti sociales.

Ponen demasiado peso a la autoridad y a la jerarquía, dando mérito a las ideas de arriba, pero no así a las ideas que vienen de abajo. Frente al cambio, son vistos como más amigos de la consistencia que de la velocidad de ejecución, por lo tanto las situaciones cambiantes pueden ser muy retadoras para ellos.

Situaciones en las que la organización suele cambiar las reglas del juego, pueden generar una crisis en un gerente rígido, creando ansiedad y mucha dificultad para tener un buen desempeño. Una reorganización estructural los puede llegar a desilusionar enormemente, pues tienen que cambiar su estado mental para poder aceptar el cambio. Los gerentes rígidos pueden tener alta orientación a las relaciones.

Aún recuerdo una experiencia con un gerente comercial que en su plan comercial, únicamente incluyó como estrategias para aumentar la productividad, programas de desarrollo con sus vendedores. Tres meses después de que los vendedores finalizaron un diplomado en el manejo de la productividad, fueron sumamente improductivos, pues estuvieron en las aulas en vez de estar prospectando nuevos clientes. Cuando le hice ver esto al gerente comercial, se le ocurrieron dos ideas: la primera era mandarlos a un curso de administración del tiempo y la segunda realizar un conjunto de ponencias dirigidas por expertos en motivación con el objetivo de aumentar la moral en sus vendedores. Claramente esta persona y sus ideas duraron muy poco tiempo en la organización. No obstante lo terrible de esta rigidez, fue que, la mitad de los vendedores tuvieron que irse porque la baja en las ventas trajo consigo la necesidad de recortar a la mitad la plantilla.

Algunas características del gerente rígido:

- Orientados al status, a la autoridad y al control.
- Prejuiciosos, intolerantes a formas de pensar diferentes a las suyas y a un sistema de pensamiento cerrado.
- Deficientes al escuchar, dogmáticos y resistentes al cambio.
- Suelen ser sobre controlados, proveen pocas soluciones, más preocupados por satisfacer su conocimiento.
- Limitadas respuestas, sobre todo si vienen de abajo.

Alejandro Serralde

Para aquellas personas que desean aprender **¿cómo identificar estos rasgos en nuestros diagnósticos?** En el perfil de estilos, la persona debe de tener 1 o 2 colores que reflejan los estilos (de alta o baja) en una altura de soporte (55 percentiles) o dominante (+65 percentiles) y además una efectividad de su liderazgo moderada, baja y muy baja (E<2.3).

¿Por qué se vuelve tan difícil percibir cuándo utilizar un amplio repertorio de conductas (3 o 4) y cuándo utilizar un limitado repertorio (1 o 2)?

La percepción, de acuerdo a Stuart-Kotze, es meramente situacional. Está vinculada a muchos factores, incluidas las creencias, los valores, las metas, nuestras necesidades en ese momento, el conocimiento, los sentimientos y las experiencias pasadas. Por ejemplo, los niños, perciben las cosas como más grandes que cuando son adultos. **¿Alguna vez te has sorprendido siendo adulto, de algo que de pequeño pensabas era mucho más grande?**

La percepción de nosotros puede estar contaminada (o distorsionada). En ocasiones desarrollamos un concepto de nosotros mismos a través de las experiencias que nos van llevando a la idea de que somos de una cierta manera. Esta manera de visualizarnos a nosotros mismos, sin embargo, puede no ser realista. Existen distintas maneras en las cuales nosotros llegamos a vernos:

- Percepción de nosotros mismos.
- Percepción de nosotros mismos con base a las opiniones de los demás.
- Percepción de cómo nos gustaría ser.

En ocasiones estos tres puntos están totalmente disociados y la persona es incongruente, la auto-percepción difiere a la percepción de los demás y además difiere de la percepción de ¿cómo nos gustaría vernos?. Existen también personas congruentes y por lo tanto, la alineación en estas tres posiciones es casi idéntica.

Medio Siglo de Efectividad Gerencial

De esto se ha hablado desde hace 50 años y fueron Harry Ingham y Joe Luft quienes desarrollaron un modelo llamado la ventana de Johari del que seguramente has escuchado y permite clasificar la información y estimular el acudir a la retroalimentación para saber más sobre nosotros mismos y aumentar la congruencia y el cambio en nosotros.

	Retroalimentación	
	Yo se	Yo no se
Otros saben	Información pública	Potencialmente puede ayudar a cambiar
Otros no saben	Información privada y protegida	No se sabe (subconsciente)

No obstante, con la propia visualización a veces no es suficiente, ni tampoco con la retroalimentación; existen personas que tienen un alto nivel de defensividad. Este nivel de defensividad es a lo que Freud llamó mecanismos de defensa, que explicamos brevemente en el capítulo 2.

Alejandro Serralde

¿Cómo influyen los mecanismos de defensa en nuestra auto-percepción?

Existen un número de mecanismos de defensa que impiden poder recibir información y potencialmente cambiar. A continuación explicamos algunos:

Racionalización: dar razones o excusas por un comportamiento que suele ser menos amenazante al ego, o más aceptable socialmente que la razón real. Por ejemplo, frente a un fracaso decir: "no recibí la información a tiempo", en lugar de reconocer que posiblemente no trabaje lo suficiente. Existe un dicho que dice: "desde que se inventaron los pretextos, nadie queda mal".

Formación reactiva: evita tener situaciones poco placenteras comportándose de una manera totalmente diferente a la que normalmente se comportaría. Por ejemplo: una persona desea provocar daño a otro, pero tiene miedo a las consecuencias y se vuelve extremadamente amable. Nuestro sentimiento no es genuino.

Proyección: atribuir a otras personas nuestros propios sentimientos. En ocasiones está asociado con la culpa que tenemos por nosotros mismos. Si algo no nos gusta de nosotros, una manera de eliminarlo es atribuirlo a alguien más.

Regresión: atribuido a la presión y a la frustración. Las personas, a veces se comportan de una manera infantil con miras a distraer a los demás.

Represión: olvidos frente a cosas que realmente no queremos hacer porque en realidad lo que hacemos es negar algo y atribuirlo a algo más.

Alejandro Serralde

<u>Agresión</u>: lo que se conoce como: "la mejor defensa es el ataque" describe muy bien situaciones en las que uno se puede sentir amenazado.

<u>Negación</u>: no aceptar la realidad para evitar sentirnos amenazados. Procrastinar es una manera de negar las cosas.

¿Qué puedo hacer para reducir los mecanismos de defensa y leer mejor la situación?

Claramente mi principal sugerencia siempre será vivir un proceso de descongelamiento, como lo explicamos en el capítulo 3. La razón es muy sencilla, los programas como el Seminario de Efectividad Gerencial 3-D (para alta gerencia) o el *Leadership Acceleration Program* (para gerencia media) fueron diseñados para provocar continuamente que se disparen los mecanismos de defensa y la persona pueda estar atenta a ellos.

No se puede modificar la conducta hasta que se sepa exactamente lo que uno está haciendo ahora. No cambiarás de conducta hasta que reconozcas y aceptes lo que estás haciendo. Aceptes y comprendas que situaciones causan esto.

En el libro que escribí con Robin Stuart-Kotze, Los Siete Secretos de los Líderes Altamente Efectivos, proponemos los siguientes pasos:

1. **Identifica la conducta**. Pídele a alguien que conozcas bien y en quien confíes, que te diga qué es lo que haces y cuándo. Este último aspecto – el cuándo–, es vital, ya que te ayudará con el paso 3 del proceso.

2. **Reconócela**. El primer paso en Alcohólicos Anónimos es el reconocimiento. No puedes ni podrás manejar algo a menos de que lo reconozcas como una realidad. Resulta útil obtener información de confirmación que te ayude a aceptar lo que estás haciendo.

3. **Determina la causa.** Piensa cuando hagas estas cosas, también piensa que ocurrió previo a la conducta. Los mecanismos de defensa también son reacciones ante cosas que nos frustran, molestan, presionan, cuestionan o subestiman la confianza en nosotros mismos y alteran nuestra autoestima. Crean incertidumbre y así sucesivamente.

4. **Manejar la causa.** Si no podemos deshacernos de la causa, entonces hay que deshacerse de la reacción. Esto es lo que los médicos hacen por sus pacientes, identifican la causa de la enfermedad y hacen algo para deshacerse de ella.

5. **Si no puedes deshacerte de la causa, entonces cambia la manera de reaccionar ante ella.** Esto no siempre es fácil. Las emociones son potentes pero puedes controlarlas si haces un esfuerzo.

Alejandro Serralde

Además de estos 5 pasos, sugerimos seguir un paso que Peter Drucker en su libro, *Managing on Self* sugiere, tomar absoluto control de las responsabilidades.[112] Es necesario aceptar que otras personas también son personas, igual que uno, también tienen fortalezas, tienen la manera de hacer las cosas y también tienen que ser efectivas. Por lo tanto, no es válido simplemente reclamar al otro, es necesario tomar responsabilidad por las relaciones.

¿Cómo mejorar mi propia situación?

Existen ambientes de trabajo que pueden disparar la defensividad y de los cuales Robin Stuart-Kotze y yo, hacemos referencia en el libro Success: qué hacer (y dejar de hacer) para ser más exitoso en tu trabajo, mismas que he resumido en cinco reglas de operación. Algunas de ellas son muy básicas, pero todas tienen una razón científica.

1. **Vacaciones**: las investigaciones realizadas a lo largo de cuarenta años concluyeron que las personas que solo disfrutan de unas vacaciones cortas tienen 37% más probabilidades de morir prematuramente. Si son de 1 mes mejorarán tus niveles de energía y disminuirá el estrés. Estar desconectado de correos electrónicos, llamadas ayuda a mejorar tu estado anímico frente a la vida. Lo hice durante seis años que viví en Australia, donde todos los años tienes 20 días por año forzoso de vacaciones, mi salud estuvo mejor que nunca. Me enfermaba de catarro una vez al año.

---

[112] P. Drucker., «Managing on Self», *Harvard Business School Publishing Corporation*, 2008.

2. **Jornadas largas:** las investigaciones han demostrado que las jornadas de trabajo largas y continuas afectan negativamente el desempeño, la salud y las relaciones. Sobre esto escribimos ampliamente en nuestro último libro, simplemente no lo hagas. Las personas que trabajan más de cincuenta y cinco horas semanales tienen 33% más riesgo de sufrir un derrame en comparación a aquellos que trabajan entre treinta y cinco y cuarenta horas por semana.

3. **Correos electrónicos y redes sociales:** la atención disminuye, generan adicción a la dopamina, no agregan valor, son un factor de estrés negativo. Es recomendable que revises y te encargues de los correos electrónicos en tandas durante dos o tres oportunidades al día en lugar de responderlos cada vez que recibas uno.

4. **Cuida tu comunicación no verbal:** los gestos no verbales influyen cuatro veces más que las palabras orales.[113] La calidez y competencia determinan más del 90% de la impresión, positiva o negativa, que tú causas en otros.[114]

5. **Evita ambientes tóxicos:** si actualmente te encuentras en un ambiente realmente tóxico, nuestro consejo es que salgas de allí tan pronto puedas. Mientras más rápido, mejor. Mientras más tiempo permanezcas en un ambiente abusivo y tóxico, más perdurarán las consecuencias del daño emocional.[115]

---

[113] Argyle, M., et. al., «The communication of inferior and superior attitudes by verbal and nonverbal signals», *British Journal of Clinical Psychology*, 1970.
[114] Cuddy, A. J. C., Kohut, M. and Neffinger J., «Connect, then lead: To exert influence you must balance competence with warmth», *Harvard Business Review*, 2013.
[115] Mackey, J. D., et. al., «Abusive supervision: A meta-analysis and empirical review», *Journal of Management,* volumen 23, 2017.

Alejandro Serralde

Herbalife mejora su sistema de selección.

Herbalife es una compañía líder en nutrición que fabrica productos con proteínas, fibras y vitaminas para complementar una dieta equilibrada y apoyar un estilo de vida activo y saludable. A cargo de la dirección de Recursos Humanos está Edgar Aceves, un joven, tenaz y experimentado agente de cambio. Edgar llegó al puesto con el objetivo de estandarizar ciertas prácticas de Recursos Humanos.

Empezaron por profesionalizar (de manera local) el proceso de Selección. Para ello contrataron la plataforma de Reddin Assessments y hoy día aplican los diagnósticos para posiciones gerenciales y directivas. Además lo utilizan como herramienta para poder facilitar internamente sesiones de coaching.

"Los diagnósticos nos permiten evitar contrataciones. Hoy día si necesitamos contratar a un Director es muy claro: Reddin Assessments es la opción",[116] comenta Edgar (2020). Herbalife es una empresa que requiere estar muy alineada a las directrices que vienen de Estados Unidos y continuamente reciben elogios por las buenas contrataciones. Previo a la llegada de Reddin Assessments, habían realizado malas contrataciones y por lo tanto decidieron profesionalizar el área de selección a través de buenas herramientas, además, entrenar a todos a quienes tienen que reclutar. "Estoy muy contento con los nuevos lanzamientos que realizará Reddin Assessments frente los diagnósticos para evaluar puestos. Nuestros clientes internos podrán de una manera muy rápida evaluar las demandas conductuales del puesto y con ello

---

[116] Aceves, Edgar. Entrevista personal. Abril 2020.

Alejandro Serralde

nosotros podremos obtener bases cuantitativas para medir qué tanto se adecua la persona a las expectativas del puesto; es un gran avance", comenta Edgar.

La jugada maestra de Edgar Aceves.

Previo a Herbalife, Edgar fue Director de Recursos Humanos de Grupo Pisa, uno de los laboratorios farmacéuticos más importantes de México, con más de 18,000 empleados. Fue en esta organización en la que he realizado una de las jugadas maestras, que confieso, nunca había visto. Todo había iniciado como un proceso normal, en el que entrenamos al equipo de Recursos Humanos, generamos destrezas para dar retroalimentación a los líderes y mejorar sus prácticas de selección. De la sesión, un equipo numeroso de personas crecieron y lograron un entendimiento como equipo, que no tenían previamente.

No obstante, la curiosidad de Edgar y un tanto la desesperación lo llevaron a utilizar la información de los diagnósticos de una manera mucho más estratégica. El área de pediatría de la compañía tenía severos problemas en la venta. En términos generales:

- Los vendedores no cerraban por cuidar la relación con los clientes (eran misioneros)
- Los gerentes distritales presionaban continuamente para levantar los números (eran autócratas)
- El director comercial había caído en la fuga (deserción)

Se diagnosticaron a todos y Edgar realizó una estadística generalizada de la cual derivaron las siguientes conclusiones:

- Los gerentes distritales buscarían nuevos tipos de segmentos y prospectos, dedicando tiempo a aumentar la base de clientes.
- A los vendedores se les mediría la productividad, para cubrir un mercado mucho más amplio, con el objetivo de desvincularlos de relaciones con clientes existentes que no generaban rentabilidad.

Edgar y su equipo diseñaron talleres, cuidando cada detalle, para que cada participante tomara el máximo de conciencia. La agenda la construyó de la siguiente manera:

1. Siempre contar con un marco de referencia. Para ello se apoyó en la Teoría 3-D de Reddin y orientó los diálogos a ventas.
2. Presentó a cada uno de los equipos de venta los resultados que provenían de la estadística grupal, de donde él había encontrado los hallazgos.
3. Cada grupo propuso algunas soluciones, mismas que se consensuaron hasta llegar a un plan de acción.
4. Posteriormente cada miembro del equipo comercial recibió una retroalimentación de 90 minutos por parte del equipo de Recursos Humanos. Esto facilitó que las personas realizaran un plan de desarrollo a través del Reporte de Competitividad Comercial.

Los impactos posteriores de las diversas intervenciones, ayudaron a orientar a los vendedores a cambiar el discurso de venta con sus clientes actuales y también con futuros prospectos. La mentalidad cambió de:

- Una venta relacionada basada en la confianza y en la generación de destrezas, a una venta mucho más científica orientada a información puntual.
- De visitas continuas y largas a clientes existentes, a visitas con nuevos prospectos medidas en tiempo.

El resultado a corto plazo fue un crecimiento del 38% de los ingresos en el periodo. "Logramos rescatar un producto, a un grupo de vendedores y además ganarnos el reconocimiento de la dirección" añadió Edgar.

Una historia juntos en Coca Cola, Tyco, BD, Mars, MSD y Amedirh con Mauricio Reynoso.

En la década de los 90´ Coca Cola fue un cliente que envió a más de 150 gerentes y directores al Seminario de Efectividad Gerencial 3-D. Después del Seminario, los participantes vivieron una experiencia *in-company* para alinear Áreas de Efectividad, Métodos de Medición y Objetivos. El objetivo era muy claro: flexibilizar a sus gerentes y de acuerdo a Mauricio Reynoso (2020), "el Seminario era una catarsis para ellos, lo que no duele, no se aprende". Reddin en Coca Cola, era una gran institución y así fueron mis primeras experiencias".[117]

Después de vivir los mitos, las realidades, las historias de las experiencias Reddin, Mauricio dió un salto de carrera a Tyco en donde tenía exposición regional. Cuando le pidieron homologar la cultura organizacional de Chile, Panamá y México, pensó que: si el eje de la cultura era la efectividad, podría haber perfectamente un entendimiento. En Tyco se llevaron a cabo muchos proyectos regionales, principalmente, utilizando como intervención de cambio el *Leadership Acceleration Program* (LAP), cuyos objetivos persiguen:

- Aumentar destrezas para que personas en cargos de gerencia media aprendan el arte y la ciencia de la dirección por resultados a través de un liderazgo efectivo.

---

[117] Reynoso, Mauricio. Entrevista personal. Mayo 2020.

- Ganar un nivel de autoconciencia para poder influir con carácter, sensibilidad, integridad y desarrollando un espíritu de colaboración.
- Crear un modelo de entendimiento en personas de diversas culturas para homologar una línea de entendimiento.

"El nivel de crecimiento era tal, que necesitábamos acelerar el crecimiento de nuestros gerentes y esta fue una gran solución. Las herramientas y los diagnósticos nos permitieron entender la forma de ser y de actuar de los equipos cuando adquirimos compañías".

Mauricio tuvo la oportunidad de tener un paso de 2 años en la farmacéutica BD, en donde casualmente utilizaban Reddin como parte de su modelo de entrenamiento. Desde hace 30 años utilizan Seminario de Efectividad Gerencial 3-D, *Leadership Acceleration Program,* además de tener instalada la plataforma de diagnósticos y herramientas Reddin Assessments.

Su siguiente conquista fue Mars, otra compañía global más para Mauricio, en la que iniciamos un trabajo de Planeación Estratégica y logramos operativizar la estrategia a través de Áreas de Efectividad (AEs), Métodos de Medición (MMs) y Objetivos (Os). Para cambiar la forma de pensar de la gente, todos participaron en el Seminario de Efectividad 3-D. "La fórmula me ha funcionado muy bien a lo largo de mi carrera profesional. La única intervención de liderazgo que crea cambio, es realmente aquella que inicia con la auto-conciencia, y ese es la gran fórmula del descongelamiento", nos dijo Mauricio; quien además reconoce que las redes de contacto que una persona adquiere en este tipo de seminarios es invaluable.

De Mars, Mauricio pasa a MSD, en donde de una vez continuó con la misma fórmula, Seminario de Efectividad Gerencial 3-D. Aquí incluyo una nueva herramienta: la plataforma de diagnósticos Reddin Assessments. El primer paso que realizó fue diagnosticar a los representantes médicos,llevar a cabo un diagnóstico grupal y generar las estadísticas. Fue en ese momento que conocí a Mauricio y rápidamente surgió una amistad. De Mauricio aprendí, entre otras cosas, cómo utilizar los diagnósticos en reuniones de evaluación de talento (*talent reviews*). En MSD, Mauricio hizo mapas de talento, perfilamiento de vendedores, y aplicó a los líderes de la organización el Diagnóstico de Efectividad Gerencial (DEG), seguido de sesiones de retroalimentación y construcción de planes de desarrollo. Este proceso se repitió regionalmente.

Después de una carrera corporativa muy exitosa, Mauricio decidió bajarle el ritmo a los viajes y emprender sus consultorías, sesiones de coaching. Regresó a la academia y da clases en el ITAM. Hoy día puede escoger a sus clientes y viajar cuando él quiera y no cuando el corporativo lo solicite.

Es Director General de la Asociación de Recursos Humanos (AMEDIRH) y recientemente recibió un Doctorado Honoris Causa de la Universidad Nacional Autónoma de México (UNAM). Mauricio quiere dejar un legado de experiencias y uno de sus mejores consejos: "rodéate de gente exitosa y agrégales valor".

Medio Siglo de Efectividad Gerencial

Después de haber vivido una trayectoria de 25 años a nuestro lado en 6 diferentes organizaciones, 5 de ellas globales y presidir una asociación de más de 12,500 ejecutivos Mauricio tiene las siguientes premoniciones frente al devenir:

1. El trabajo remoto llegó para quedarse. Las personas por tanto necesitarán ser sumamente productivas y migrar de una mentalidad orientada al cumplimiento y la eficiencia, a realmente generar acciones que vayan a dar al estado de resultados (efectividad). Para ello se necesita la aplicación de principios gerenciales robustos.

2. Las sesiones de *coaching* cada día se realizarán más a distancia. Por tanto, los medios digitales de entrega, serán altamente demandados. Las herramientas que ofrece la plataforma Reddin Assessments, serán altamente demandadas.

3. El entrenamiento presencial nunca morirá. Los seres humanos somos sociales. Uno no puede tomar consciencia sin colaborar. Los programas de liderazgo Reddin, incluidos el Seminario de Efectividad Gerencial 3-D y *Leadership Acceleration Program* seguirán siendo muy atractivos.

"Los seres humanos seguimos requiriendo consciencia para cambiar. Yo he podido vivir en todos estos años, como los modelos presenciales en los que existe una fuerte dosis de descongelamiento, generan consciencia y flexibilidad. Esto será clave para el éxito profesional".

Alejandro Serralde

8

Iniciar con pequeños cambios

---

*«La energía a veces es confundida
con efectividad».*

W.J. Reddin

Una persona debería cambiar de comportamiento cuando su situación de trabajo cambia. Esto implica, que uno debe estar en sintonía con los cambios que su trabajo ha venido teniendo. Lamentablemente no es fácil. Requiere de mucha atención, tiempo y esfuerzo.

Existen personas efectivas que constantemente evalúan el trabajo y las situaciones haciendo de esto un hábito, y esto genera crecimiento en su ámbito de influencia.

Cambiar de conducta es posible, pero todo cambio es difícil y además existen riesgos de por medio al hacerlo. Para empezar, siempre existe el riesgo de que el cambio no funcione. Además, uno podría parecer ante los demás como un hipócrita o manipulador.

A nadie le gusta fracasar, por tanto, cambiar requiere de carácter, comentan en su libro *Guide for Managerial Achievement*, el Dr. Rick Roskin y el Dr. Robin Stuart-Kotze (1983).[118] Las personas hemos desarrollado un estilo gerencial a lo largo del tiempo, mismo que ha resultado ser exitoso en el pasado. Por algún momento piensa en lo siguiente: te han dado una tarea completamente nueva. ¿cómo la resolviste? Lo más seguro es que hayas hecho algo que te funcionó en el pasado. Es lo más normal, apoyarse de experiencias pasadas para empezar. No obstante, comportamientos del pasado podrían no funcionar en la nueva situación, de tal manera que tengamos que desaprender a utilizar el comportamiento anterior e incluir el nuevo.

Existen situaciones, de acuerdo a Rick Roskin y Robin Stuart-Kotze (1983), en las que el comportamiento se vuelve inapropiado por mucho tiempo. El proceso es mucho más lento, requiere paciencia y además, muchas veces, requiere de una gran disciplina.

---

[118] Roskin and Stuart-Kotze, «Success: Guide to Managerial Achievement», *Prentice Hall*, 1983.

Los Desertores

Algunos desertores suelen decir: si no entiendes, olvídalo. Si no ves signos de éxito, no te involucres. He recibido tu solicitud, déjame enviarlo a la dirección. No lo sé y tampoco me importa mucho. Estas frases parecen inexplicables pero las he escuchado muchas veces.

Los desertores tienen una necesidad de sobrevivir en la organización. En ocasiones, participan poco o retienen información. Muchas veces los desertores sabotean el cambio. Es más fácil para un desertor sobrevivir en una compañía muy grande y llena de procesos excesivos, que en una compañía que requiere cambiar constantemente porque está creciendo. A veces los desertores tienen un complejo de inferioridad. Posiblemente vivieron un cambio brusco en el pasado. Los desertores en ocasiones se han creado por consecuencia de un error gerencial. La deserción generalmente no se observa en personas que entran así en una organización, sino más bien las organizaciones los crean. Claramente los desertores evaden la responsabilidad.

Al desertor, en términos reales, le gusta escaparse. El problema con esto es que aunque el desertor elimina su presión de encima, se la pone a los demás compañeros de trabajo.

Cuando el desertor evade las responsabilidades, se crea rencor. Por lo tanto, esto no es la forma para alcanzar el éxito laboral. El ex-presidente estadounidense Harry Truman fue conocido por el letrero sobre su escritorio que decía «La responsabilidad es mía». Hay ocasiones donde la responsabilidad es tuya. Si no enfrentas el problema, entonces otro deberá hacerlo. Y esto hará que la persona no se sienta muy a gusto contigo.

Alejandro Serralde

Gran parte de la evasión de responsabilidad se debe a la frustración ocasionada por parte de los malos jefes. Existe una gran correlación entre los superiores que se comportan de manera defensiva-agresiva —acoso, presión, críticas— y los subordinados que se vuelven expertos en evadirlos.[119] Aquellos que son agredidos, denigrados, nunca reconocidos por los logros alcanzados y reprimidos por los errores cometidos aprenden a no asumir responsabilidades y volverse desertores. No obstante, hay un costo. Cuando uno reprime la ira y la evade, esto golpea la autoestima y afecta la salud.[120]

La sobrecarga laboral es una de las causas de evasión de la responsabilidad. Uno asume un trabajo y después le piden que tome otro, otro y otro. El problema es real y la solución es simple. Sin embargo, muchos no pueden implementarla. Consiste en decir que «no». Con frecuencia, esta disyuntiva refleja la poca capacidad para establecer prioridades.

¿Te gustaría dejar de ser desertor? A continuación unas frases desertoras que pueden serte útiles para identificar situaciones en las que actúes como desertor:

- No me interesa mucho mantener buenas relaciones con la gerencia.
- A mis colegas no les doy prioridad como debiese.
- No muestro mucho interés en mis colaboradores.
- Pienso que no necesariamente uno obtiene grandes cosas cuando coopera con asesores.
- Tengo muy poca empatía e interés con grupos de mejora y por sus objetivos.

---

[119] Corina, L. M., and Magley, V. J., «Patterns and profiles of response to incivility in organizations», *Journal of Occupational Health Psychology*, volumen 14, 2009.
[120] Hershcovis, et. al., «Targeted workplace incivility: The roles of belongingness, embarrassment and power», *Journal of Organizational Behaviour*, 2017.

Alejandro Serralde

Consejos para los Desertores:

- Haz las cosas más importantes, difíciles o desagradables a primera hora de la mañana. Las personas sólo disponen de una cantidad limitada de fuerza de voluntad. Es un recurso finito y se agota a medida que lo utiliza.[121] Mientras el día transcurre y la cuota de voluntad se consume, se hace cada vez más difícil enfrentar problemas o tareas complejas, pues simplemente las postpones.

- Si necesitas ejecutar una tarea compleja, desglósala en actividades y pasos factibles. Cuando haces esto, muchas cosas ocurren. Primero, cuando logras una parte de la tarea, te sientes satisfecho y gratificado por el logro alcanzado. En segundo lugar, puedes dar un paso atrás y evaluar si estás satisfecho con el trabajo logrado o ver si necesitas modificarlo o ajustarlo. Esto te permitirá detectar cualquier error desde una etapa temprana. Por ende, terminarás con un producto final de mejor calidad. Además, este tipo de enfoque te ayuda a desarrollar mejores competencias, ya que el aprendizaje se codifica mejor en la memoria cuando participas activamente en el proceso de realización, monitoreo y ajuste.[122]

- Cuando cometas un error, da la cara. De este modo, confiarán más en ti. Cuando los doctores de un hospital fueron abiertos y sinceros sobre los errores médicos, las

---

[121] Baumeister, R. E., et. al., «Ego depletion: Is the active self a limited resource», *Journal of Personality and Social Psychology,* volumen 74, 1998.
[122] Craik, F. L., and Lockhart, R. S., "Levels of processing: A framework for memory research", *Journal of Verbal Learning and Verbal Behaviour,* volumen 11, 1972.

demandas por mala *praxis* disminuyeron casi en dos tercios.[123]

- Quizás esto parezca una tarea propia de tu jefe o el jefe de tu jefe, pues pareciera que tú no puedes hacer nada al respecto. Sin embargo, esto no es cierto. Puedes modificar tu situación laboral de distintas maneras. Toma un par de minutos y haz una lista de las actividades y tareas que debes hacer en el trabajo. En la lista, habrá algunas que solo tú puedes y debes hacer. Sin embargo, también habrá otras que pueden ser llevadas a cabo por un compañero con quien trabajes. Pueden intercambiar trabajos, es decir, tú haces una tarea por tu compañero y él otra por ti. Organiza las tareas y actividades de tu lista de la siguiente forma:

  - Lo que debes hacer obligatoriamente
  - Lo que debes hacer pero no es urgente
  - Lo que sería bueno que hicieras pero que no es particularmente importante.

---

[123] Kachalia, A., et. al., "Liability claims and costs before and after implementation of a medical error disclosure program", *Annals of Internal Medicine*, volumen 53, 2010.

Los Misioneros

Los misioneros suelen decir: los beneficios de los empleados deberían ser mejores, aunque no sea así con las utilidades. Vela por las personas y la organización se valdrá por sí misma. Los conflictos nunca resuelven nada. La mejor compañía es aquella que es armoniosa.

Les gusta tratar a todo mundo con gran gentileza y consideración, sin confrontar, cuando es necesario. Dejan en los demás establecer sus objetivos de acuerdo a sus necesidades aunque sean insatisfactorios. Si existe un error, es mejor corregirlo de una manera que nadie salga lastimado.

Los misioneros son inefectivos porque ponen como prioridad principal la amabilidad para mantener relaciones armoniosas sobre todas las consideraciones. Buscan ser vistos por otros como buenas personas por sobre todas las cosas, aunque la producción baje. Piensan que la gente será más productiva si es feliz, aun cuando los datos, los hechos y los números no lo demuestren. Le dan un peso muy bajo a los controles, la productividad, la medición, el desempeño; pero si, al estado de felicidad de la gente. En ocasiones, los sistemas gerenciales, como pueden ser los planteamientos de revisión sistemática y evaluación de la efectividad, son su antítesis. Asumen que la moral va primero que la productividad. De tal manera que si la moral no está en su máximo nivel, la producción será muy baja. Claramente queremos gente feliz, que disfrute, pero no al extremo de anteponerse a la productividad.

Los misioneros tratan de facilitar absolutamente todo y a todos, creando así mucha dependencia. Si un cliente pide descuento, de entrada dan el 50%. Su evasión hacia el conflicto los mete continuamente en problemas. Un misionero espera hasta que las cosas se enfríen para poder confrontar.

El misionero tiene deseos de aceptación muy grandes, por tanto en ocasiones llega a boicotear la situación para ser dependiente. Pueden llegar a ser vistos como controladores por esta razón. Como al misionero le gustan las personas, llega a pensar que ellas lo deben querer. Un misionero diría: ¿qué de malo puede tener esto?, ¿acaso sale alguien lastimado?

El Dr. Glenn Marron dice: **«Si evades conflictos, entonces, por definición, los creas»**[124] Velo como si empezara un incendio y huye. Otros deberán apagarlo por ti. Dado que los misioneros a veces están genuinamente de acuerdo con ciertas cosas y en otras ocasiones solo pretenden estarlo, las personas que trabajan para ellos desconocen sus posturas y no saben si las decisiones u opiniones son verdaderas. Esto les genera incertidumbre, imprevisibilidad, ansiedad y estrés. Bien, sabes a dónde conduce esto.

Contrario a lo que ocurre en otras personas, la evasión de conflicto no reduce el estrés. Cuando los individuos dicen estar de acuerdo con algo con lo que verdaderamente no están, esto trae consecuencias. La investigación demuestra que los evasores de conflictos tienen un mayor nivel de estrés y agotamiento, una mala salud en general y pierden más días de trabajo por enfermedad que aquellos que resuelven los problemas mediante discusiones.[125]

---

[124] Marron, G., «Conflict Avoidance», www.glennmarron.com, 2020.
[125] Hyde, M., et. al., «Workplace conflict resolution and the health of employees in the Swedish and Finnish units of an industrial company», *Social Science & Medicine*, octubre de 2006.

Alejandro Serralde

¿Te gustaría dejar de ser misionero? A continuación unas frases de tipo misionero que pueden serte útiles para identificar situaciones en las que actúes como misionero:

- Pienso que la relación con los clientes es lo más importante, aunque tengan un costo muy alto para la organización.
- La gente en general debe de estar contenta todo el tiempo aunque esto impacte la productividad.
- A veces las nuevas ideas no son útiles porque llevan a fricciones innecesarias.
- Dejó en manos de otros el establecimiento de metas para que estén alineadas con sus necesidades, aun cuando son poco ambiciosas.
- Prefiero dejar en otras personas la realización de sus propios planes, siempre y cuando no interfieran unos con otros.

Consejos para Misioneros:

- Si te sientes nervioso acerca de algo, toma diez minutos y escribe sobre lo que te preocupa. Esto te permitirá drenar las preocupaciones y actuar con menos miedo y ansiedad.[126]

- Cuando uno emprende una actividad compleja o difícil, es muy fácil distraerse con asuntos más superficiales. Por esta razón, el flujo de contenidos en las redes sociales es tan

---

[126] Kircanski, K., Lieberman. M. D., and Craske, M. G., «Feelings into words: contributions of language to exposure therapy», *Psychological Science*, volumen 23, 2010.

adictivo.[127] Resiste la tentación de caer en esto y mantente enfocado en la tarea importante que llevas a cabo.

- Incluye en tu vida rutinas que eliminen el problema de la fuerza de voluntad. Hazlas, independientemente de lo que ocurra.

- Por ejemplo, pon el teléfono celular en silencio. Guárdalo en una gaveta que esté fuera de la vista. Solo revísalo en horarios fijos durante el día.

---

[127] Hofmann, W. R., et. al., «Everyday temptations: An experience sampling study of desire, conflict, and self-control», *Journal of Personality and Social Psychology*, volumen 102, 2012.

Alejandro Serralde

Los Autócratas

Los autócratas suelen decir: deja de hablar, mientras yo te interrumpo. Ya he tomado mi propia postura, así que no me confundas con tus hechos. Dame tu opinión, desde hace días no tengo una buena discusión. Hazlo como yo digo. El autócrata es visto como fuerte. Algunas personas piensan que son una patada en el trasero, que pueden ser fuertes porque explotan.

Los autócratas están aferrados con la tarea. No enfatizan en las relaciones humanas, ni confían en nadie. Muchas personas les temen y buscan evadirlos. Los demás tratan de ocultar información negativa, para que las explosiones no aparezcan. No buscan la cooperación. Piensan que las personas por naturaleza evaden la responsabilidad, no tienen compromiso y requieren dirección. No confían en las capacidades de los demás.

Al autócrata le gusta dominar. Esta dominancia se puede manifestar de varias maneras, dando ordenes, muchas innecesarias. En ocasiones se confunde con burócrata en la firmeza, pero las motivaciones son distintas, el burócrata quiere orden, el autócrata quiere poder.

Algunos autócratas gozan del efecto de la efectividad aparente. Dado que se mueven rápido, hablan mucho, los demás pueden verlos efectivos. Manejan el conflicto muy mal, como un reto a la autoridad. Mientras el desertor se fuga del conflicto, el misionero lo evita, el autócrata explota, creando más conflicto. Muchos autócratas convierten a las personas a su alrededor en desertores o misioneros. El impacto de esta conducta es que los demás tratarán de evitarlo. Todo lo anterior crea sencillamente resentimiento en los demás.

Adam Grant dice: «**Desahogarse no extingue la llama de la rabia, más bien es poner el pie en el acelerador del sistema de arranque y atacar el objeto de nuestra molestia**».[128] Las investigaciones realizadas por Brad Bushman evidencian que uno se molesta y se pone más agresivo cuando descarga la ira.[129] Piensa en Bruce Banner, conocido como El increíble Hulk, que advierte: «No hagas que me enfade. La gente se asusta mucho cuando me enojo».

Bob Sutton, un profesor de Stanford, indica que las personas que evidencian esta conducta agresiva e intimidatoria la dirigen hacia personas con menos poder en lugar de hacia personas de mayor poder. Este profesor es mordaz respecto al tipo de personas que se comportan de esta manera, por lo cual determina: "por lo que sé, la diferencia en cómo una persona trata a los que no tienen poder frente a los que sí, es una buena medida sobre el carácter humano".[130]

Sutton tiene dos pruebas para determinar si alguien es un agresor autócrata:

1. Después de que una persona te ha hablado, ¿te sientes "oprimido, humillado, sin energía o menospreciado?"

2. Sobre esa persona "¿dirige su veneno hacia personas con menos poder en lugar de personas con más poder?"

---

[128] Adam Grant, *Originals: How Non-conformists change the world*, W H Allen, 2016.
[129] Bushman, B. J., «Does venting anger feed or extinguish the flame? *Personality and Social Psychology Bulletin*, junio de 2002.
[130] Robert Sutton, *The No-Asshole Rule: Building a Civilised Workplace and Surviving One That Isn't*, Sphere, 2007.

Alejandro Serralde

Si lo anterior es correcto, y el autócrata está leyendo esto, es momento de prestar mucha atención. Un trabajo de investigación reveló que: "más de la mitad de personas afectadas por la autocracia desperdician el tiempo en el trabajo, al estar preocupados por el incidente o planificando cómo manejarlo o cómo evitar interacciones futuras con el autócrata.

¿Te gustaría dejar de ser autócrata? A continuación unas frases autócratas que pueden serte útiles para identificar situaciones en las que actúes como autócrata:

- Pienso que la mejor manera de introducir un cambio es hacer un anuncio y dejar que la gente se ajuste a este.
- Observo la implementación de planes, viendo errores y criticando cuando es necesario.
- Insisto en que los demás sigan los procedimientos exactamente como se establecen, pero algunas veces no estoy de acuerdo si los controles aplican a mi.
- Trato de evaluar a cada persona individualmente. Frecuentemente analizo lo bueno, lo malo y lo crítico cuando es necesario.
- Lo más importante es la productividad diaria, no la productividad futura.

Consejos para los Autócratas:

- Si debes lidiar con un problema difícil, toma un receso, ya que esto aumenta las probabilidades de encontrar la solución, según lo demuestran las investigaciones.[131]

- Haz ejercicio. No tienes que ir al gimnasio a diario —si lo haces, no dejes de ir—. Solo basta con una caminata rápida por treinta minutos, cinco veces a la semana. El ejercicio fortalece el sistema inmune, aumenta los niveles de felicidad y ayuda a mantener la salud mental.

- Si necesitas concentrarte mejor, ve a un parque o cualquier zona verde y da un paseo. Esto te ayudará.[132] Si no se puede, almacenar fotos de escenas tranquilas en su teléfono y tomar un receso de diez minutos para verlas.[133]

- Toma un breve descanso cada hora. Levántate del lugar de trabajo y, si puedes, camina alrededor durante un minuto o dos. Luego, vuelve a tu tarea.

- Si es posible, escápate del ambiente laboral para dar una caminata en un lugar preferiblemente silencioso durante diez minutos. Esto hará que el foco de atención aumente.[134]

---

[131] Sio, U. N., and Ormerod, T. C., «Does incubation enhance problem solving? A meta-analytic review», *Psychological Bulletin*, volumen 135, 2009.

[132] Aspinall, P., et. al., «The urban brain: Analyzing outdoor physical activity with mobile EEG», *British Journal of Sports Medicine*, 2013.

[133] Gamble, K. R., et. al., «Not just scenery: viewing nature pictures improves executive attention in older adults», *Experimental Aging Research*, volumen 40, 2014.

[134] Aspinall, P., et. al., «The urban brain: Analyzing outdoor physical activity with mobile EEG», *British Journal of Sports Medicine*, volumen 49, 2013.

Alejandro Serralde

Persona con Transacción

Las personas con transacción suelen decir: uno puede convencer a algunas personas, algunas veces y esto es suficiente para seguir. Me gustaría que toda la gente pensara a mi manera, pero realmente que entiendan y acepten mis ideas. He tenido una dificultad enorme para tener una postura, ahora que lo pienso, no estoy seguro.

Las personas alrededor ven a una persona con transacción, como poco ejecutores e indecisos. Una respuesta típica es: posiblemente, pero no sabemos. La ambigüedad y la ambivalencia son constantes. Tratan de minimizar problemas inmediatos en lugar de maximizar la productividad a largo plazo. El problema de la transacción es que de una manera u otra se ven confundidos.

Al estar confundido, personas con transacción, dicen que si a absolutamente todo. De todos los estilos de baja efectividad, Bill Reddin decía, que la transacción por lo menos trata en varias direcciones: no muy fuerte, no muy suave y tampoco muy evasivo. Es como si al subirse al ascensor, no sabe a qué piso dirigirse y oprime todo los botones. Muchas veces la transacción viene acompañada de la clarificación del rol, que se manifiesta ante otros como crisis de identidad. La falta de claridad frente a las siguientes preguntas:

- ¿Qué quiero lograr?
- ¿Dónde estoy parado?
- ¿Qué estrategias debo tomar para acercarme a mi objetivo?

Esta falta de claridad lo lleva a tener un comportamiento menos efectivo. Pueden confrontar, pero no muy fuerte. Piensan que un nivel muy óptimo, es una ilusión y por lo tanto tratan pero no muy persistentemente. Utilizan muchas estrategias de influencia, pero ninguna le funciona. Cuando busca establecer objetivos, son muy fáciles de alcanzar y los alcanza. De hecho en ocasiones estos objetivos son una predicción de lo que sucedería de todas maneras.

A las personas con transacción les gusta hacer participar a otras personas en decisiones que son simples y de una sola persona. Ellos ya saben sobre la solución, o alguna persona experta los ha asesorado, pero le gusta hacer sentir a los demás que forman parte de la decisión. Las personas con transacción evaden el conflicto promoviendo la participación.

¿Te gustaría dejar de tener Transacción? A continuación unas frases con transacción que pueden serte útiles para identificar situaciones en las que actúes con transacción:

- Cada vez que trato de mantener un canal de comunicación abierto con otras personas, no siempre soy exitoso haciéndolo.
- Cada vez que existe un conflicto, trato de ser justo y firme con todo mundo (la palabra clave es todo mundo).
- Suelo aceptar que las personas pueden aprender de los errores, pero rara vez pongo esta filosofía en marcha.
- En algunas juntas tengo una preferencia por relacionarme con otras personas y en algunas reuniones me gusta trabajar. Tengo problemas para identificar cuándo hacer qué.

- Me gusta mucho la idea del trabajo en equipo pero difícilmente encuentro las maneras de emplearlo efectivamente.

La atención es un recurso de capacidad limitada. Si prestas atención a una cosa, no puedes concentrarte en otra. La realización de varias tareas a la vez disminuye la productividad, perjudica la creatividad y aumenta el margen de equivocaciones y errores.[135] Las personas pueden considerar que tienen una gran habilidad para realizar varias tareas simultáneamente; sin embargo, las investigaciones demuestran que esto es solo una forma de engañarse a sí mismos.[136]

La realización simultánea de tareas genera cansancio, pues implica la toma de decisiones sobre diferentes asuntos. El cambio de una tarea o situación a otra causa fatiga central. Literalmente, es una fuga de energía que propicia que tomemos resoluciones deficientes e impulsivas.[137]

---

[135] Leroy, S., «Why is it so hard to do my work? The challenge of attention residue when switching between work tasks», *Organizational Behavior and Human Decision Process*, volumen 109, 2009.

[136] «Frequent multitaskers are bad at it», *The University of Utah News Center*, enero de 2013.

[137] Vohs, K. D., et. al., «Making choices impairs subsequent self-control: A limited-resource account of decision-making, self-regulation, and active initiative», Journal of *Personality and Social Psychology*, volumen 94, 2008.

Alejandro Serralde

Consejos para la Transacción:

- Si planificas una actividad, es más probable que la lleves a cabo y termines si anotas la fecha.[138]

- Destina periodos específicos de tiempo para cada actividad durante el día. De esta manera, evitarás distraerte.[139]

- El ambiente donde te encuentres influye. Haz del lugar y del horario de trabajo una rutina. Utiliza espacios específicos para ciertas actividades y otros para las demás tareas faltantes. Trabaja en un lugar donde no te distraigas. Evita los espacios con mucha actividad y movimiento. Esto te ayudará a enfocarte.

- Cuando tienes por delante una gran tarea y dispones de poco tiempo para completarla, utiliza algún tipo de cronómetro, un enfoque extremadamente útil, y haz lo siguiente.

- Reflexiona sobre: ¿por qué posponer las actividades?. ¿Es acaso una manera de evadir o al menos aplazar poner en juego tus habilidades, competencias o reputación para alcanzar el éxito?[140]

---

[138] Gollwitzer, P. M. and Brandstatter, V., «Implementation intentions and effective goal pursuit», *Journal of Personality and Social Psychology*, volumen 73, 1997.

[139] Newport, C., *Deep Work: Rules for focused success in a distracted world*, Grand Central Publishing 2016.

[140] Steel, P., «The nature of procrastination: A meta-analytic and theoretical review of quintessential self-regulatory failure», *Psychological Bulletin*, volumen 133, 2007.

Alejandro Serralde

Últimas Recomendaciones:

En nuestro libro, **Success: qué hacer (y dejar de hacer) para ser más exitoso en tu trabajo**, exploramos cada una de estas recomendaciones, sin embargo aquí las resumimos en tres:

Primero: La profesora de Stanford Carol Dweck (2006) denomina esto como *mindset*: las personas que creen que son capaces de ser exitosas, lo son y aquellas que no lo creen, no lo son.[141] Esto es algo importante que vale la pena repetir. Si crees que puedes ser más inteligente, competente y exitoso, lo serás; el éxito no es cuestión de suerte sino de trabajo arduo y decisiones correctas; puedes ser exitoso si actúas de manera diferente o haces cosas distintas.

Segundo: debes hacerte notar para ejercer influencia. Necesitas sobresalir. Mientras las personas más te vean y lo que has hecho, más se acordarán de ti. Esto hará que la actitud sea más positiva hacia tu persona.[142] Por supuesto, solo si actúas de manera positiva. Si deseas alcanzar ser exitoso, no es recomendable que seas un cretino altamente visible. Evita alardear y ser exhibicionista. Las investigaciones revelan que aquellos que fanfarronean son menos efectivos y que una actitud que conjugue la competencia con modestia es percibida de forma más positiva por otros.[143]

---

[141] Dweck, C. S., *Mindset: Changing the way you think to fulfil your potential,* Random House, 2006.

[142] Harmon-Jones, E., and Allen, J. J. B., «The role of affect in the mere exposure effect: evidence from psychophysiological and individual differences approaches», *Personality and Social Psychology Bulletin*, volumen 27, 2001.

[143] Wosinka, W., et. al., «Self-presentational responses to success in the organization: The costs and benefits of modesty», *Basic and Applied Social Psychology*, volumen 18, 1996.

Alejandro Serralde

Tercero: proyecta seguridad y sensación de poder. Con esto no nos referimos a la superioridad, sino a que demuestres que tienes autoestima y control de ti mismo. Los estudios indican que cuando las personas se sienten impotentes, el desempeño es deficiente. Mientras que cuando se sienten en control de sus actos, el desempeño mejora.[144] Una de las causas de esto es que cuando uno se siente más seguro de sí mismo, está más dispuesto a esforzarse por lograr algo. Esta sensación de control y orientación al logro es obra del hemisferio izquierdo del cerebro.[145] Entonces si deseas tener más confianza en ti mismo, aprieta una pelota de goma pequeña con tu mano derecha. De esta forma, activarás esta parte del cerebro.

---

[144] Smith, P. K., et. al., «Lacking power impairs executive functions», *Psychological Science*, volumen 19, 2008.
[145] Robertson, Ian. *The Winner Effect*, 2012.

Alejandro Serralde

La Espiritualidad y la Efectividad de *America Developing Smiles*.

America Developing Smiles (ADS) es una organización sin fines de lucro fundada en 1996 con el objeto de proveer ayuda financiera, educativa y humanitaria a niños en varias ciudades de América Latina. La organización actualmente es dirigida por Mariana Finol.

En 2016 Mariana participó en el Seminario de Efectividad 3-D multicultural que instruimos en Miami. "Acudí a Reddin Assessments porque asumí la presidencia de ADS y necesitábamos tener una organización más efectiva y además aprender a liderar con éxito"[146] nos comentó Mariana cuando se inscribió. En una organización en la que los equipos están constituidos por voluntarios, el liderazgo juega un papel muy importante. El Seminario permitió a Mariana aprender a leer mucho mejor a las voluntarias para poder ser asertiva a la hora de entregarles tareas que no solamente fuesen requeridas por la organización, sino que además enriquecieron a las personas para sentirse realizadas.

---

[146] Finol, Mariana. Entrevista personal. Abril 2020.

Alejandro Serralde

Medio Siglo de Efectividad Gerencial

Después de que Mariana Finol viviera la experiencia de seis días del Seminario, nos pidió ayuda para implementar una cultura de efectividad en ADS. Para ello, instruimos un *Team Effectiveness Laboratory* (TEL), con el objetivo de:

- Alinear la misión y la visión a resultados puntuales.
- Diseñar una estructura ideal de trabajo para las voluntarias, basada en las aspiraciones y fuentes de realización de cada voluntaria.
- Establecer metas realizables que además pudiésemos medir continuamente.
- Sensibilizar a cada voluntaria sobre las diferencias individuales y las motivaciones frente a la realización.

A partir de ello, se estableció un programa de trabajo que ha permitido a ADS reforzar su imagen y conectar la historia con muchas más personas. Han logrado crear una identidad en las voluntarias, bajo los principios de los pilares de Don Bosco. Esto además ha permitido los siguientes resultados:

- Por año, permiten dar educación a casi 5,000 niños (un acumulado de 15,000 niños desde que iniciamos este trabajo)
- Se han atendido a más de 10,000 pacientes.
- Han creado soluciones logísticas para llevar medicina a zonas remotas en América Latina.

"Uno de los aportes de las herramientas y la metodología utilizada por los consultores Reddin ha sido permitirnos entender lo importante que ha sido alinear los esfuerzos hacia la recaudación a través de funciones que satisfagan al ser humano. Por ejemplo, hay quienes recaudan leche, hay quienes llaman por teléfono para vender boletos y hay quienes participan en las rifas", comentó Mariana. Esta flexibilidad ha permitido mayor colaboración y compromiso de las personas.

Alejandro Serralde

"La espiritualidad de cada una de nosotras se une en un mismo propósito y esto ha creado un compromiso de trabajo que bien canalizado puede ayudar a muchos niños. Reddin Assessments y Alejandro Serralde nos han ayudado a organizarnos y a mi en lo personal influir con mayor efectividad", Mariana Finol.

El inicio de una organización con foco humanitario: UBPD.

La Unidad de Búsqueda de Personas dadas por Desaparecidas (UBPD) es una institución colombiana que, por los próximos 20 años, se encargará de la búsqueda humanitaria y extrajudicial de las personas vivas o muertas, dadas por desaparecidas en el contexto y en razón del conflicto armado. Esto con el fin de contribuir a aliviar el sufrimiento de sus familias y lograr el reencuentro de los familiares cuando sea posible. La organización es liderada por la Doctora Luz Marina Monzón, quien desde hace más de 20 años, ha representado algunos de los casos más emblemáticos de Colombia y quien lleva media vida dedicada al tema de los desaparecidos. Si bien hoy, son más de 350 personas focalizadas a una misma misión, las cosas hace dos años, eran diferentes.

Sandra Parra (2020), Jefe de Oficina de Planeación, tenía la misión de contratar a una firma para poder crear un sistema organizativo y así operativizar la misión de la UBPD. "El reto era enorme, un sueño para encontrar personas desaparecidas a consecuencia de los conflictos, traducir esto a un esquema organizativo de cientos de personas. Yo había conocido a Reddin Assessments en la Unidad de Víctimas. El ejercicio de planeación estratégica había causado un gran impacto",[147] comentó Sandra.

El reto de coordinar a personas muy preparadas en una especialidad, en donde además existe una vocación natural por la misión, requiere de mucho trabajo. El equipo de Luz Marina (2020) tenía maravillosas intenciones, un sueño en común y hacia los inicios esto parecía un propio acto de fe en el que a

---

[147] Parra, Sandra. Entrevista personal. Mayo 2020.

Alejandro Serralde

través de una bola de cristal, buscaban respuestas, con recursos muy limitados. Conocían su misión y su visión, pero les costaba mucho trabajo poder aterrizar. "Tampoco teníamos el lujo de poder ensayar",[148] comenta Luz Marina.

La arquitectura de la propuesta estuvo compuesta de intervenciones que iban más allá de simplemente un ejercicio de Planeación, sino más bien, crear las bases para que la organización pudiese crecer rápidamente.:

- Primero, moderamos en 1 solo día de trabajo un foro en el que se convocaron a 15 especialistas para aportar ideas.

- Segundo, en una sesión de 3 días alejada de la Ciudad de Bogotá, se hizo un ejercicio de mapeo actual de la situación, analizando Fuerzas, Debilidades, Oportunidades y Amenazas (FODA) en el que se integró adicionalmente la visión de la UBPD frente a la tecnología, gobierno y equipo gerencial.

- Tercero, se integraron las características de liderazgo de cada integrante. Además se establecieron Áreas de Efectividad, Métodos de Medición y Objetivos.

- Cuarto, una sesión de seguimiento a todo lo planteado, reforzando en la sesión la Misión y Visión. Durante esta sesión además existieron algunas dinámicas grupales para reducir la resistencia al cambio.

---

[148] Monzón, Luz Marina. Entrevista personal. Mayo 2020.

- Quinto, una sesión para permitir al grupo tener claridad sobre el alcance en la toma de decisiones de cada uno de los integrantes.

- Entre cada una de las sesiones, hubo algunos ejercicios, llamadas de seguimiento, coordinación y sobre todo de *coaching* ante el proceso de cambio.

"La metodología utilizada por los consultores de Reddin Assessments es muy confrontativa pero necesaria", nos dijo Luz Marina. "Las preguntas son incómodas, pero nos obligarnos a aterrizar todos los sueños con esas preguntas, nos hizo poner los pies sobre la tierra y darnos un empujón para estructurarnos".

Reconocen tanto Sandra como Luz Marina que las herramientas gerenciales de Reddin ayudan a mostrar las cosas como son y a traer realismo a la mesa. "El rol del consultor rompe una relación que por naturaleza es jerárquica y a sacar lo emocional de la ecuación. Las Áreas de Efectividad ante un mandato tan amplio como el de nuestra organización, nos ayudó a diferenciar como cada persona desde un ángulo distinto agregaba valor a la organización".

Por otro lado, Sandra comenta que la definición de Áreas de Efectividad ayuda a romper la divagación. "Teníamos un dibujo y Ustedes nos dieron rumbo". Durante las sesiones, se integraron dinámicas de autoconocimiento y conocimiento del grupo a través del Reporte de Liderazgo Efectivo, en el que cada persona pudo aprender más sobre sí misma y además entender los estilos de los demás. "Escuché a muchas personas decir que este diagnóstico es como una radiografía de la persona".

Médicos Líderes en Nipro y Corporación Integral de Diálisis.

Previo una de las crisis del 2020 causada por el COVID-19, un equipo compuesto por Directores Médicos de la Corporación Integral de Diálisis y de Nipro *Corporation* participaron en un programa *Leadership Acceleration Program*. Las empresas han venido creciendo a una velocidad acelerada en Centroamérica, además de tener a los médicos con las mejores destrezas gerenciales, dirigiendo cada uno de sus hospitales.

El *Leadership Acceleration Program* fue diseñado con el objetivo de provocar cambios en la conducta a través de un proceso de descongelamiento en el que logramos potencializar las capacidades de generación de resultados. Los participantes reciben continuamente retroalimentación y datos que permiten aumentar la flexibilidad de su liderazgo. José Antonio Castillo (2020) es Gerente General de esta organización para Centroamérica; tomó el Seminario de Efectividad Gerencial 3-D hace 25 años y vió rápidamente los resultados. "Busqué repetir la experiencia que yo viví para lograr que mis Directores Médicos pudiesen incorporar métodos de trabajo orientados a resultados y así volverse mejores Directores de personas. Reddin Assessments teniendo un sustento científico me podría ayudar".[149]

Esta sesión la tuvimos unas semanas antes de la crisis del COVID-19, fue en lo personal mi última intervención dirigiendo una sesión de transformación. Si bien todavía no podemos cuantificar los resultados del impacto del programa de 4 días, José Antonio comenta que ha visto cambios importantes en las conductas de sus Directores Médicos, entre algunos: "la

---

[149] Castillo, José A. Entrevista personal. Mayo 2020.

Alejandro Serralde

disciplina, gerenciando personas se ha visto y los Directores Médicos actúan como directores, mostrando una iniciativa nunca antes vista, con mucho empuje, moviendo la voluntad de muchas personas y con flexibilidad", comenta José Antonio.

"*Leadership Acceleration Program* es una intervención que funciona muy bien con nuestra comunidad de doctores porque permite tomar conciencia desde un ángulo científico. Lo que permite hablar el mismo idioma con ellos". Este programa fue llevado a cabo en la Ciudad de Guatemala, participaron 16 personas incluidos Directores Médicos de hospitales, que han hecho un trabajo histórico porque en medio de la crisis de la pandemia, ha prevalecido la iniciativa, el compromiso y el saber priorizar en medio del caos.

"Si no hubiéramos tomado este programa antes de esta crisis, posiblemente esto hubiese sido un desastre. A diferencia de lo que pudo ser, hoy día se nos han acercado medios de comunicación y otras instituciones para aprender de nosotros". Cabe añadir que ninguna de las Clínicas de Diálisis tiene a un solo enfermo. Todas han funcionado al 100% y los protocolos de sanidad son un referente en el país.

Final

www.ingramcontent.com/pod-product-compliance
Lightning Source LLC
Chambersburg PA
CBHW062051270326
41931CB00013B/3026